ちくま新書

ことばの教育を問いなおす

——国語・英語の現在と未来

鳥飼玖美子
Torikai Kumiko
苅谷夏子
Kariya Natsuko
苅谷剛彦
Kariya Takehiko

1455

ことばの教育を問いなおす——国語・英語の現在と未来【目次】

部扉イラスト＝保光敏将

はじめに

この本は、書きことばで対話している「対書」です。
「対書」という用語は、NHKテレビ「英語会話」で活躍した小川邦彦さん（一九九八年に五四歳で逝去）が、インターネットの普及を視野に「これからは対話ではなく対書の時代だ」と、鳥飼に語ったことに由来しています。

本書は、国語教育を専門とする苅谷夏子と英語教育を専門とする鳥飼玖美子が一章ずつ交代しながらつないで書き、そこに社会学が専門の苅谷剛彦が加わります。苅谷夏子は、伝説の国語教師と言われる大村はまの教え子として、大村はまの実践を手がかりに国語教育の見直しを提起します。鳥飼玖美子は、外国語習得の基盤は母語だという視座から、英語と国語を「ことばの教育」として捉え、異文化コミュニケーションの視点から考えます。苅谷剛彦は社会学の立場から、英国の大学教育と対比しつつ日本の教育を論じます。

専門分野が異なり、視点や発想、さらには文体もまるきり違う三人が、予定調和なく議論しているのが本書です。対談や鼎談ではなく、意見を文章にしてぶつけ合う「対書」による議論です。一人が書いたものを読んだ次の人が触発されたことを書き、それを読んでさらなる感想や反論や疑問をぶつけ合っていますので、口頭ではないものの、「やりとり」（インターアクション、相互行為）そのものといえます。

二〇一八年二月に欧州評議会が公表したCEFR Companion Volume（増補版）では、「伝統的な4技能ではコミュニケーションの複雑な現実を捉えきれない」として、「コミュニケーションの4様式」（受容、産出、やりとり、仲介）の中に7技能（「読む、聞く」「書く、話す」「話すことのやりとり（spoken interaction）、書くことのやりとり（written interaction）」「仲介」）を入れて提示しました。「書くことのやりとり」を技能に加えたのは画期的なことですが、本書は、まさしくそのようなやりとりを実践したものです。

ということは、書いた文章ではあっても、本書は理路整然とした流れの議論ではなく、ごくふつうの「やりとり」と同様の特徴を持っています。時に議論がかみ合わなかったり、相手の主張を誤解したり、同じ単語を使いながら別々の意味で使ってみたり、具体論と抽象論が錯綜したり、違う方向へ話が発展したり、日常の議論でよくあるようなことが起きています。しかし、そのような対話の結果として、当初は予想もしなかったような考えが生まれたり、新たな地平が見えてきたりする面白さに満ちているのも確かです。

本書を読んでくださる皆さんには、そのような「対書」による議論に加わることで、ご自分の主張と重ねてみたり、これまで気づかなかったような知見に触れてみたりしながら、三人の意見に通底する「ことばの教育」への思いを発見していただけたらと願っています。

鳥飼玖美子

第一部

大村はまの教育

第1章　「国語力」は大丈夫か

苅谷夏子

†空気みたいな「国語力」

　私たちが、日々、ことばを使って暮らしていく、――隣にいる人に話しかけたり、慰めたり叱ったり、提案したり説得したり、聞き惚れたり、熟読したり、拾い読みしたり、検索したりメールを打ったり、企画書や報告書を作ったり、頭の中であれやこれやと悩んだり、それを整理したり、なにごとかわかったり、――そうした時にまさに使っているその力のことを、ここでは「国語力」ということばで表しておきます。ほとんどの日本人にとっては、母語である日本語を使う力ということになります。

　国語力は、ありがたいことに「いつの間にか」身についていたという部分がかなりあります。机の前に座って教科書を広げ、先生から習う、という「勉強」とは必ずしも直結していません。母語であればこそです。育っていく過程で、本人が勉強ともなんとも思わないうちに母語の基本を習得できていた、というのは考えてみれば幸せなことです。

ただ、だからこそ、国語力というものはしばしば無意識の領域に置かれ、空気のような存在といっていいかもしれません。日常の用が足りているだけに、当然視され、放っておかれがちです。

一方で、英語力についてはほんとうに多くの人が「英語ができないのが情けない」「せめて子どもには英語くらい使えるようになってほしい」と長年言い続け、結果、文部科学省まで動いて、英語教育のスタートが一気に繰り上げられました。大多数の日本人にとって、どうしても英語を使わなければならない場面は、日常の中で頻繁にはないだろうに、それほど英語力を切望する――国語力の置かれた位置とずいぶん隔たっていることには驚かされます。

そもそも国語力というものは、自分自身の心や脳の動きとあまりに近接しているので、これ、と取り出して客観視することがむずかしい、ということもありそうです。学校の教科としての国語の成績や、国語の試験の点数が、すなわち国語力と言えるのか。……簡単にはそう断言できないでしょう。学校で国語の成績がふるわなかったり嫌いだったり、国語の時間に何を勉強したか、まるで覚えがなかったりする、そういう人がことばの使い手として優れているということはかなりあるようです。

国語力とは何なのでしょう。

†国語力を頼みとする現場

私はここ数年、毎月一度、国語力というものについて真正面から考えざるを得ない場に身を置いています。ちょうどいいので、ここでそのときのことを書いてみます。

毎月一度のその場というのは、小児治験《ちけん》ネットワークの中央治験審査委員会という名の会議です。新しく開発された薬や、これまで成人しか使えなかった薬が、効果的に、かつ安全に、病気の子どもたちにも使えるかどうか。それを確かめるプロセスのほぼ最終段階となるのが治験です。実際の病児を対象として、厳密に決められた手順で注意深く臨床試験をして、きちんとした科学的分析を経て、はじめて国に承認され、一般に使えるようになります。その治験の実施にゴーサインを出してよいかどうか、それを審査するのが会議の役割です。小児治験がなかなか進まないことをなんとかしようと、二〇一〇年に全国の小児病院を中心にしたネットワークが作られ、一括して審査したり、情報を共有したりしています。今では全国で四〇を超える施設が加盟し、東京の成育医療研究センターに事務局が置かれています。この九年ほどの間に六〇件ほどの新規審査をし、一三の薬剤・機器が承認を受け、小児に使えるようになりました。

治験審査委員会には医療のさまざまな分野の錚々《そうそう》たる専門家が十数人も集まって、慎重に審議します。メンバーには医療を専門としない「非専門委員」を含まなければならない、というルールがあります。医療の立場だけで審査が行われることを防ぐための配慮で、たとえば、法律の専門家も加わっています。そしてそのルールのために、まったく門外漢の私がそこに加わることになりました。私は、一般人の立場、患者に近い立場、また文書についての専門という立場で会議に参加しています。

会議は毎月開かれ、新規の治験をスタートさせて大丈夫か、進行中の治験で心配な有害事象が起きていないか、などを、たいへん真面目に審議します。良い新薬が世に出れば、それで救われる患者が確かにいる、と同時に、薬と毒は紙一重、という面もありますから、治験に関わる人たちはみな真剣です。

治験は厳密に科学的な手順で行われるために、患者やその保護者が守らなければならない重要なことも多くあります。通常の治療とは違う部分が必ずありますし、思いがけない有害事象が起きる可能性もあります。そうしたことを、患者や保護者には予め包み隠さず丁寧に公平に説明し、理解してもらい、その上で治験参加の同意を得なければなりません。そのために作られた文書は、保護者向けの「同意説明文書」の場合、三〇ページ以上にもなります。小学校高学年向けの「アセント文書」でもぎっしり一〇ページほどに及びます。

委員として私が心を配るのは、「同意説明文書」「アセント文書」が、一般の人にとって十分にわかりやすいか、必要なことがきちんと書かれているか、丁寧に読んでもらえるように工夫がなされているか、煩雑すぎないか、といったことです。できるだけわかりやすい文書にするために、必要な見直しや修正を提案します。

世の中には、ちゃんと読まれることを想定しているとは思えない一方的な文書や、極小の文字で書かれた不親切な文書は珍しくありません。それを考えれば、治験のためのそうした文書は、きちんと伝えようと丁寧に誠実に書かれていると言えます。ただ、当然ながら、トラブルを避けるための法的な観点からも、治験実施側が患者に予め説明しておくべきとされる事柄が、驚くほどたくさんあります。患者側としての「知りたい」「わかっておきたい」ということとは別に、「理解しておいていただきたいこと」が山ほどあるのです。知る権利、知らせる義務を重く見る今という時代を反映しているわけです。

数年間も毎月会議に出席して、だいぶ慣れてきた私ですが、会議の一週間前に自宅にどーんと分厚い資料一式が届いても、一読しただけでは容易にはわかりません。それでも、ことばを追いながら、国語力だけを頼みに読んでいきます。「ここがわからない」とはっきり言うためには、ある程度は全体がわかっている必要があるのだとつくづく思います。委員会の中で、私は一般人として、わからない時は「ここがわかりません」と言うのが役目ですが、それでも、わからないことに出会うたびに「わからない」と言うのは心理的負担も感じます。私だけが一般人で、他は全員専門家という状況で「私をわからせて」と主張すること自体に、胆力を要します。

それで私は毎月、思うわけです。病気の子の心配を抱えて治験の説明を受けるどこかの若いお父さんやお母さんは、この長い込み入った文書を、ずらずらと並ぶ専門用語に負けず、複雑な手順の説明にも、起きるかもしれない怖い出来事の列挙にもへこたれずに、一つ一つちゃんとわかりながら読んでいくだろうか。わからないことがあったら「ここがわかりません」とはっきりと言って、納得できるまで説明を求めることができるだろうか。疑問や迷いがあるならそれを伝え、早合点や勝手な解釈などせず、あきらめず最後までしっかり読みきる。そしてただ目の前の各部分部分を理解するだけでなく、全体を間違いなく把握して、プラスもマイナスも承知して、その上で、治験に参加するか、しないか、自分の考えを形づくることができるだろうか。途中で疲れてしまって、理解することを放棄して、「先生が勧めてくれるんなら、やりますよ」と判断を人にゆだねたり、専門用語を前に意気沮喪《いきそそう》して、空返事で説明を聞き流し、さっさとサインしてしまったり、逆にめんどうくさくなって「やめた！」となったりしないだろうか。どうか、あらん限りの国語力を自分の中からかき集めて、丁寧に読んで、理解し、納得して、決めてほしい……。

こんなふうに私は、毎月、国語力というものが発揮されるべき現場を突きつけられるように思うのです。

高度な情報が渦巻く中で

こうした現場というのは、もちろん治験の話に留まりません。さまざまな分野が想像を超えるスピードで革新を続けている現代では、それぞれの専門家と一般人の差はすでに気が遠くなるほど隔たっています。時の経過と共に情報はいやがうえにも蓄積していきますが、量の問題だけでなく、質の部分はさらに素人にはわからないことだらけになっていきます。それでも、ほんとうに大事なことを決める時には、一般人も専門家の説明を（もちろんできるだけ親切でわかりやすい、良い説明を）読んだり聞いたり、広く別の角度からも資料を集めたり、質問したりして、できるかぎり理解して、なんらかの判断を下すことが必要になってくるはずです。その時にどうしても必要なのが、ことばの力、国語力です。それが、専門家の知識や知恵と私たち一般人の間を結ぶ大事な橋となるはずです。思えば、そうした局面での圧倒的な困難に直面した忘れがたい出来事の一つが、東日本大震災の後の原子力発電所の事故でした。

コンピューターや情報通信技術の革新によって、私たちが利用できる情報の量も膨大なものになりました。向こうから勝手に流入してくるような情報も飛躍的に増大しています。私たちの頭の中に、いったいどの情報をどう保存し、どう整理して、必要な時にどう呼び出せばいいのか。この情報の洪水を処理する能力の軸となるのは、やはり国語力でしょう。私たちの脳の能力が、コンピューターやIT機器と同じペースで進化できているとはとても思えない中、大量の情報におぼれないためにはどうすればいいのでしょうか。

また国際化というものも、この問題をさらに難しくしているようです。先ほどの治験審査委員会でも、国際共同治験というものがかなりあります。世界中で同時に同じ条件で、さまざまな人種を対象とした臨床試験をするのです。人種によって薬の効き方、副作用などが異なる可能性があるからです。そうした場合、科学研究の正しさを保証するため、またトラブルを避けるために、説明文書はさらに厳密になりますが、その結果として、日本人が日本人を相手に作成する文書であれば考えられないような形式や文言が含まれることがあるのです。とくに、製薬会社が海外の企業である場合、文書はもちろん日本語に訳されてはいますが、不自然な部分や実際にそぐわない部分が目に付きます。でも、それを勝手に削ったり変えたりすることは、許されません。世界とつきあっていくということの、絵空事ではない難しさのようなものが見えてきます。「ツーと言えばカー」という身にも心にも慣れ親しんだ母語のコミュニケーションが、どうしても通用しない場面が、国際化社会では起きてくるわけです。

「国語力」というのは、最初に書いたとおり、母語であるからこそ空気のような存在で、一種の油断、余裕のようなものがあり、それが温かさにも通じていたりもしますが、一方で、おろそかにされがちです(面白いもので、母語へのこうした態度は、そのまま母親に対するそれと通じるものがあると思いませんか)。

もちろん国語力が重視される場面もありますが、それは、学校の成績や入試の点数、プレゼンでアピールできる話し方、クイズに出るような難しい漢字や語彙の知識、といった部分に限られているようです。けれども、いま挙げたような、国語力をほんとうに頼りにしたい真剣な局面というものを、忘れるわけにはいかないはずです。

国語力は大事です。誰にとっても、一生、大事です。

†国語力があやしい

私たちのことばの現実はどんなでしょうか。

ことばというものを、多くの人は極端な省エネモードで使っています。たとえばこんなふうです。

・ぱっと思い浮かんだ常識的な、通りの良さそうなことばで間に合わせる。いつもそれを繰り返しているので、ほとんど自動的、反射的にことばを使っている状態。
・自分の内心の深いところ、考えの微妙な部分とはあまり関わりなく、するっと滑らかに送り出せばいいという姿勢。
・ことばの選択に多少の違和感があっても気にせず、とりあえず、なんとなく、使えれば十分。というよりは、ことばに違和感を持つこともあまりない。
・汎用性の広い便利なことばを繰り返し使っている。「すごい」「やばい」「無理」等。
・仲間内で簡単に共感できる短い表現をもっぱら愛用する（仲間と思っていない人とはあまりかかわらない）。
・本離れが加速し、長い文章を読む機会が減っている。
・周囲と摩擦を起こさず、期待にうまく添ってことばを使っていこうとする。

省エネモードと書きましたが、日本人は最後に挙げた「周囲と摩擦を起こさず、期待に添う」という点については、実は多くのエネルギーを割いているように見えます。自分自身に即してことばを使っているというよりは、他者との関係が優先されている。そこには、「思いやり」や「配慮」という美しい側面もありますが、その一方で、ことばが自分から離れていくことを放置していることになります。いきすぎた「忖度《そんたく》」で大事なことを見落とす可能性もあります。

こうした現状を見ると、ことばというものが「頼りになる武器」からほど遠くなっていることがわかります。

†国語力が育つ第一の条件

その一方で世の中では「学びの基本は国語」ということも言われてはいます。その時、人は国語という教科にいったいどういう期待をしているのだろうと、私はいつも不思議に思います。テレビCMで、「基本は国語」という音声と共に流れている画面は、幼い子がひらがなを何度も練習する姿だったりします。ひらがなを習い、漢字を習い、むずかしいことばで単文を作り、段落の要約を黒板からノートに書き写し、調べてきたことを発表し……、そういうことを続けていけば、着実に正確にことばの力を稼働させ、さまざまな学びを支える、というふうになるのでしょうか。過去、その方法は成功してきたでしょうか。

文部科学省は、詳細な学習指導要領を作成し、一歩一歩さまざまな力を育てる道筋を示していますし、日々日本中の教室で国語の授業は繰り返されています。努力も工夫もされています。でも、どうも想定通りにはいかないようです。小学校高学年に入った頃、勉強の内容が複雑化したり、抽象化したりして、徐々に日常の暮らしから離れていく時期に、ことばが内容を背負いきれない、複雑な思考を進めるためのことばの力を十分に持っていない、という子どもが出てきます。そしてそれは、ドリルやテストをいくらやってもなかなか解決しません。

たぶん、最大の難問は、子どもたちが、勉強の場面で本気になってことばを使っていないという、がっかりするような現実だと思います。

先年、私はＮＨＫで長くラジオ体操の指導をしてきた西川佳克《よしかつ》さんから、例のラジオ体操第一、第二を教えてもらうという体験をしました。ピアニストの加藤由美子さんの生伴奏もついているという贅沢な指導です。プロならではの的確な指示で、動かす筋肉を意識し、一つ一つの動作を丁寧にしていきます。生演奏のピアノは、力の強弱、リズム、動きのめりはりを実にうまくリードしてくれました。それはまさに目の覚める体験で、「ラジオ体操ってこんなだっけ？」と驚くようなものでした。第一、第二を終える頃には全身が熱くなり、汗が噴き出し、情けないことに翌朝は筋肉痛で参りました。本気でちゃんとラジオ体操をしたことが、今まで一度もなかったんだなあ、と痛感しました。なんとなく形だけなぞっていたに過ぎません。過去さんざんやってきたラジオ体操は、ほとんど無駄だったのだろうと思うと、我ながらおかしくなりました。

それと同じことです。本気になって、主体的にことばを使っていない子どもに、何を教えても、私の過去のラジオ体操みたいなもので、狙っているだけの効果を生まないでしょう。ラジオ体操も、勉強も、ちゃんと意識してやらないと無駄が多いというわけです。

子どもを主体的な姿にさせ、本気のことばを教室で引き出すことが、国語力が育つための基本的な条件です。今だって十分本気だと主張する子どももいるだろうけれども、いや、本当の本気はそんなものじゃない、主体的にことばで考えるというのはこうすることなのだ、とリアルに、目の前の子どもに体験させること。そういう時にしか、国語力は本当には育たないはずです。

もちろん簡単ではありませんが、肝心と言っていいくらい大事な働きかけです。でも、それをするのが仕事だと、国語を教える人たちが覚悟していないのかもしれません。

†普段着のことばをどうするか

最初に書いたとおり、日本人の大部分はいつの間にか身につけた日本語ということばを使って、さほど不自由を感じることなく暮らしています。だからほっといてくれ、と思う人も多いでしょう。

けれども、いくら母語であっても、たくましく正確な理解、しっかりとした思考、豊かな発想、的確な表現といったものに適した形で最初から備わっているわけではなくて、身につけているのはあくまで暮らしていくための「普段着」のようなものでしかありません。自然に身についている言葉は、当たり前の日常の中で、気軽に、実用的に使う服、九八〇円のTシャツみたいなものです。それでなんら不足も痛痒《つうよう》も感じることなく生活することはできます。が、現実を前にそれでは足りないとなったときに、どうするのか。

普段着の、日常の言葉を超えて身につけたい国語力は、「よそいき」や「正装」、スーツやドレスということになるのか。つまり、普段とは違う種類のことばの在《あ》り様《よう》を追い求めるのか。難しいことに対応するための国語力は、日常のことばの世界とは異なるものなのか?

どうもそれは違うような気がします。

しっくりと身について慣れ親しんだ、わざとらしくない、本当に自分のものになっていることばが、最も確かに思考を支えてくれます。たとえば、たまにしか使わない、よそいきの、自分らしくない、自分の力を超えたことばを格好をつけて使っても、実際にはたいして良い結果を生みません。思考は空転し、穴が開き、表現は力を失います。ことばと自分がどんどん離れていきます。そういう着慣れない服を着たようなことばは、他者にも見抜かれます。使い慣れない難しげなことばを頑張ってつかっても、似合わない上にどこか不安げだったりして、「いつものあなたはどこへ行ったの？」「よせやい！」とちゃちゃをいれたいような気分を生みます。

普段のことばとまったく別のかしこまった、賢そうな特別なことばのセットを持てばいいのではない、ということです。「私のことばの世界」というのは、もちろん広々したものであってほしいですし、具体的に言えば豊かな語彙を擁して強靭かつ多彩であってほしいですが、でも、一つちゃんとしたもの（体系）があればいい。それでもって、日々の暮らしから抽象的思考までをカバーできるようなことばの力。それこそが頼りになる国語力の姿だろうと思います。もし「普段着」の比喩を使うなら、めざすのは他に特別の折のための「よそいき」を手に入れることではなく、「どこへ出ても恥ずかしくない普段着を持つ」ということになるでしょうか。

私にこのような言語観を伝えたのは、中学時代の恩師である国語教師、大村はまです。中等教育の現場で他に類をみない優れた実践を半世紀も積み重ねた人です。その実践は単元学習と呼ばれ、子どもたちにこういう力を付けたい、とその都度明確な目標をもって、最適な教材と方法を用意して進められました。たとえば、国語の教科書一冊から「ことば」という語の使用例をすべて抜き出して、一対一で比較し、この語の意味の分類をする、という単元。生徒たちの生まれた一年間の新聞一〇〇日分を資料に、社会、事件、投書などに見られる世相や人々の意識などをまとめる単元。文字のない『旅の絵本』（安野光雅、福音館書店）を丹念に見ながら、一人ひとり一冊の本を書いていく単元。大村は、どんなに成功しても同じ単元を二度と繰り返さなかったということもあって、その試みの新鮮さがまず、中学生たちを惹きつけました。傍らに優れた教師が控えていてくれる中でこうした取り組みに挑戦することは、確かな手応えがあり、私は小さな中学校の教室で国語力をこの人に育ててもらい、鍛えてもらいました。本書では、一つの柱として、この国語教師の実践と思想をたどっていきます。そうすることで、ことばの力を育てることへの大事な指針が見えてくるのではないか、と考えています。

大村はまは、どんなに抽象度の高い難しい話をする時でも、休み時間にくつろいだ話を窓辺でする時でも、いつも同じ人でした。同じアイデンティティのままでした。もちろん語彙はその場の目的や内容に合わせて注意深く選びとられていましたが、服を着替えたかのような変身はしませんでした。程度の高いことを、こなれたやさしいことばで語るその姿が、私は好きでした。

†「ことばはこんなふうに使うもの」

ことばを、いつも自分にしっかり引き寄せて、自分の脳や心、思考や精神、感情とぴしっと対峙《たいじ》させて、「このことばでいいか」と必ずちょっと考えてから使う。違和感があったら見逃さず、自分を覗きこむようにして探り、選びとり、滑らかさを望むよりは、引っかかりや摩擦をバネにして、自分の体重を乗せるように、体温を移すように、誠実に丁寧に使っていく。そうであってこその「ことば」なのだ……。

国語教師大村はまは、そういう基本的な、ことばの使い手としてまっとうな姿勢を、飽きることなく来る日も来る日も、子どもたちにまず身をもって示して、その手触りを伝えました。そして同じことを、生徒たちにも一貫して求めつづけました。中学生があいまいな表現しかできない時は、手助けしながら、少しでも明快なことばを選び取らせました。ふさわしいことばが見つからず言い淀む子どもの前では、柔らかい表情をして待つことをしました。どこかから聞いてきた大人っぽいことばを、よくわかりもしないのに振り回したりすると、黙って顔を見て、残念そうな顔をしたり、時にはふふっと笑ってみせさえしました。

「ことばは、こんなふうに使うもの」、というその使い心地を伝えることは、大村はまの仕事の基本だったし、たぶん最も難しい部分だったとも言えるでしょう。お説教や指示、命令でできることではないから、ひたすら自ら示しつづけ、求め続けるしかなかった。そして、そうやってことばを大事に大事にしているうちに、ことばというものが信頼できるもの、自分にたいへん近いものと感じられるようになり、そして、中学生たちはことばが好きになりました。ことばが好きな集団ができると、国語力が育つ土壌がまずできたことになります。その土壌が用意できれば、日常の範囲を超える「むずかしいことば」を獲得していく準備ができたことになります。

振り返ると、私はあの国語教室で言語力をすっかり刷新したことがわかります。いつの間にか、なんとなく日常の中で身につけたただの平凡な普段着であった母語が、優れた教師のもとで「どこへ出ても恥ずかしくない普段着」へと磨かれていました。そういうことばの力は、一生頼りにしていい力だと、大村先生も言ったし、自分でもそう思っています。

†大村教室で得たものはOS

私は、晩年の大村の仕事を手伝ったのち、恩師の死後はその実践と思想をまとめ、伝えることを仕事としています。それを熱を込めて伝えようとする過程で、いつの間にか誇張や思い込み、個人的に偏った見方が入り込んでくることを、実は恐れています。それで、折があれば大村教室の同級生や先輩、後輩に話を聞くようにしています。

昨年も、卒業以来会う機会のなかった友人M君に同期会で再会することができ、「あなたにとって大村教室はどういう意味をもっていたか、聞かせてほしい」とお願いしました。

M君は、たいへん優れた生徒として皆が一目置くような人でした。日を改めて会って長い話をした中で、M君は「さすが」という見方を示してくれました。

「僕があの教室で得たものはOSだと思う。コンピューターで言えばね」

と言ったのです。

私はコンピューターに詳しいとはとても言えないので、拙《つたな》い説明になりますが勘弁してください。一つの比喩的表現が、ものの本質を捉える助けをする、ということがありますから、おつきあいください。

OSというのはオペレーティング・システムの略語。オペレーションとは、実際になんらかの具体的操作をすることです。OS＝オペレーティング・システムは、種々の具体的操作を可能とするための土台となる基本的仕組みということになるでしょう。ハードウエアとしてのコンピューターは、それだけではただ高速に演算処理をする計算機ですが、OSが搭載されることで、さまざまに活用できるようになります。

たとえば、たくさんの便利なソフトウエア（文書作成ソフトのワードや表計算ソフトのエクセル、パワーポイント、住所録管理ソフト、メールアプリなど）を私たちは使っていますが、OSというのは、それら個々のソフトウエアやアプリを有効に利用するための命令を下すシステムです。OSが良くなければ、一つ一つの仕事がもたもたしたり、連携が取れなくなったりします。新しいソフトを必要に応じて追加することができるのも、土台としてのOSがあるからこそです。

「あの教室で得たものはOS」というM君の短いことばは、大村はまの仕事の本質を鋭く示唆していると思います。三年間で鍛えられたのは、数あるソフトウエアの中の一つなどという限定的なものではなくて、ことばを使って考える・学ぶというオペレーションの基本となるシステムそのものだったんだなあ、それが、私たちを熱くしたのだなあ……、と納得しました。

OSとソフトの行き来

もちろん、国語という領域は、ソフトウエアにあたる部分も含みます。文字や音声をはじめとして、膨大な語彙の情報やルールなど、文書作成ソフトに該当する部分は重要な一部です。けれども、OSに当たる領域こそ、実際にはしっかり築いておかなければならないもの、「ワード」がうまく機能するために不可欠なものです。そうやってOSとソフトを行き来しながら強化していくことが、ことばの使い手を育てたのだろう、と得心がいきました。

考えれば、国語に限らず、数学にしても、理科にしても、外国語にしても、学ぶということは、ＯＳの部分と個々の知識・スキルとの間を行き来しながら、両方を育て、更新していった時にもっとも意味を持ち、成果を上げ、根を下ろすのかもしれません。ただ、国語の場合はとくに、ＯＳそのものを充実させる作用が、より顕著だと言えそうです。コンピューターにとってのＯＳは、人にとっては脳の（頭の）基本的な働き方、考え方それ自体であり、それは主に言語によって展開されるからです。知識をうまく納め、統括し、活用する主体、つまり「私そのもの」を鍛えていく。大村はまが、生徒たちに何より求めたのは「主体的に学ぶ姿」でしたが、それも当然なのでしょう。ＯＳの部分は、主体と直結しているわけです。

大村はまの国語教室で、中学生たちが、どのようにしてＯＳと国語ソフトとを同時に鍛えていったか、その具体的なありさまは、後ほど書くことにします。

✝英語教育と国語教育の一つの出会い

鳴門《なると》教育大学附属図書館の大村はま文庫の静かな空間で、英語教育を専門とする鳥飼玖美子さんが大村のこのことばに一気に惹きつけられた――その話を聞いて、私は恩師のために心から喜びました。英語の世界で長く活躍なさってきた鳥飼さんが、国語の世界に一生を捧げた大村のことばを本気で受け止めてくださったことは、視野がぱあっと開けるような出来事と思えました。ことばを育てるうえで大切なことが共有できたなら、大げさな言い方かもしれませんが、教養の世界の豊かさのようなものが見えてくるような気さえしたものです。

そして、一瞬遅れて、「そうか、英語教育もまた、ことばを育てる教育だったのだ！」と私は驚き、さらに、そう驚いた自分に驚きました。

英語だってもちろん「ことば」です。「ことば」であるからには、いきいきと興味深い、豊かな世界に直結しているはずなのに、英語教育は、もっとずっと狭いものと感じられているのではないか。暗記用の単語カードとか発音とか、ＳＶＯだＳＶＣだ仮定法過去完了だといった文法とか、英検やＴＯＥＩＣの点数とか、そういう無機的な部品の集積のように、私もつい思っていたらしい、そのことに我ながら驚いたのです。とくに、初級、中級段階の英語学習は、ひたすら文法を学び単語を覚え、の繰り返しが大半でした。先ほどの比喩で言えば、新しいソフトを受け身で取り込むことにしか目がいっていなかった。自分がどう思うか、何を表現したいか、という要素はほとんど入る余地がない。外付けの学科の一つとして、やっているだけになります。人のことばとしての英語が当然持っているはずの豊かさや人間らしさ、文化や社会というものを、私たちはどこかに置き忘れて、スキルの集合体としての英語ばかりを見るようになっていたのではないか。母語と異なる言語と出会うことは、脳のOSの更新まで引き起こすような出来事でありえたかもしれないのに。

大村はまのことばに胸を揺さぶられたという鳥飼さんは、世間のそういう貧しい英語教育観に淋しい思いを抱いていらっしゃるのではないか。母語に加えて外国語を学ぶことは、疑いもなく豊かさを加えるものであるはずなのに、それがそうなっていないもどかしさもあるに違いない……。

ことばが、そしてことばの教育が、本来的に持っているに違いない豊かさと確かさと可能性について、国語と英語を並べることで、深く考えていくことができるのではないか。重要な示唆を与え合うことがあるのではないか。そういう期待が生まれました。

第2章　母語と国語、外国語と英語

鳥飼玖美子

†大村はまとの出会い

「ことばを育てることは、こころを育てること、
人を育てること、教育そのものである」

このことばを目にした時の衝撃はいまだに忘れられません。私が漠然と考えていたことが、文字になって小さな額の中に収められ、図書館二階にある記念文庫の入り口にそっと掲げられていたのです。大村はまとの邂逅《かいこう》でした。

鳴門教育大学から講演を依頼されていなかったら、講演前の時間をつぶそうと大学の図書館に行かなかったら、「二階に行くと大村はま文庫がありますよ」と私に教えてくれた人がいなかったら、「大村はま？　名前は聞き覚えがあるけれど、誰だっけ……」と記憶

を辿りながら好奇心で二階に上がって行かなかったら、私は大村はまに出会うことはありませんでした。

そして、「ことばを育てること」は、こころを育てること」のことばが心に響いたまま講演に臨んだ私は、大村はまのこのことばが英語教育にそのまま当てはまるという前置きから始め、英語教育についての本題に入りました。聴衆の中に大村はまを尊敬している国語教員がいるなど知る由もありませんでした。しかし、この人が苅谷夏子さんに私の講演について知らせ、夏子さんと私との交流が始まりました。不思議なご縁としか言いようがありません。苅谷夏子さんと私を結びつけたのは、大村はまです。その言語思想と教育哲学が、国語と英語という違いを超えて、私の心を揺さぶったのです。

†言語思想と教育哲学

「大村はま記念国語教育の会」事務局長である苅谷夏子さんから、大村はま関連の文献を多く送っていただいたことで、私は大村はまという国語教師の人生の一端を知り、「教えること」についての情熱と信念を学びました。大村の教え子であった夏子さんによれば、大村はまは「あくまで実践に徹した人」で、「理論や制度に依《よ》る以前に、とても原初的な人間くさいやり方で人を育てた」とのことです。大学時代も「教育学」「教育心理学」「国語科指導法」などにあたる授業は履修しておらず、その稀有な実践は教育制度や抽象的な学問的理論とは離れたところにある、と言われています。

ただ、実際に授業を受けたわけではない私が、その実践について聞き、著作を読んだ限りでは、大村はまの教育は実践だけではないという印象を強く持っています。「ことば」についての思い――これを私は前項で「言語思想」と呼びました。そして、「教育」についての信念――これを私は「教育哲学」と呼びました。さらに、「何のために国語を教えるか」という目的と理念が確固としてあるからこその「実践」だと思えてならないのです。このような理念をどのようにして持つに至ったのか。育った環境から身につけた言語への感性もあるでしょうし、教師人生の中での試行錯誤を通してかもしれません。創意工夫をこらした指導には天性の資質も感じられます。これらについては、本書の中で夏子さんが解き明かしてくださるでしょう。

†大村はまにあって、現在の英語教育に欠けているもの

大村はまの実践を支えた教育の「目的」や「理念」は、現在の英語教育に最も欠けているものだと思います。何のために英語を学ぶのかの「目的」が不明確なまま、何となく「英語を話せるようになりたい」という願望に引きずられ、「小さい頃から英語を教えれば

話せるようになる」という科学的根拠のない思い込みが英語教育を歪めている、と考えるからです。もっとも、「英語を読むことより話せることの方が必要だ」と主張する人たちにとっては、「グローバル化時代には英語が必須だから英語を話せるようにする」という「目的」があり、素朴な思い込みであっても「小さい頃からやれば英語を話せるようになる」「大学入試を変えれば英語を話せるようになる」という「信条」があるわけです。

昨今は、そのような信条が、「4技能」（読む、聞く、書く、話す）という外国語教育分野で昔から使われている用語に凝集され喧伝《けんでん》されています。大学入学共通テストの英語に多種の民間試験を使う政府の方針には、地域格差や経済格差などにより受験生への公平性が保証されないこと、問題作成や採点などにおける公正性が危ぶまれる、出題ミス・採点ミス・機器トラブルなどへの対応が未整備など、数々の深刻な構造的欠陥が指摘されていますが、「なぜ4技能なのか？」「なぜ大学入学の選抜試験に入れなければならないのか？」が問われることはほとんどありません。入試では話す・書く・聞くの基盤となる読解力を測り、入学後に「話すこと」を指導する選択肢もあるはずですが、「英語を話せるようにするためには、大学入試で話す力を測定するのは当然だ」というのが共通理解のようです。民間試験導入には反対でも、英語を話すことは重要なのだから「4技能」には反対できない、という社会の様相を見ていると、「4技能」は問答無用の聖域となり、突飛かもしれませんが、ある種の宗教に近いような感じさえ受けます。

『サピエンス全史』[1]で世界的に話題となったユヴァル・ノア・ハラリ（Yuval Noah Harari）は、次の『ホモ・デウス』[2]で、宗教と科学の関係を論じています。この両者は一般に考えられているより距離が近いとしつつ、宗教は倫理に事実を絡めて教義としていることを例示します。その上で、科学は宗教の倫理的な教えに反論することはできないけれど、事実については検証できるとしています。ハラリは教育についても随所で論じており、教育制度という虚構を動かしている言説や信条についても述べています。

たとえば、大村はまの稀有な「実践」を、私たちが現代に生かそうとする時、あるいは未来につなげようとする時、注意しなければならないのは、「この教えは理屈ではなく素晴らしい」という信条となっていくことです。そうならないためには、長年にわたる先人の研究に裏打ちされた学説や理論も援用しながら、大村はまの実践を相対化することが必要だろうと考えています。

†母語と国語

「国語」とは、英語で言えば、the national language、「国のことば」「国家語」です。日本の場合、日本語が公用語であると定めた規定はありませんが、事実上の公用語と言えます。日本の「国語」作りに大きな役割を果たした上田萬年は、「国語はその国家を形成する国民の中枢たる民族の言語」だと述べ、「母のことば＝国語」という等式が当てはまるのは「大和民族」のみであると考えていました。[3]

イ・ヨンスクによれば、明治初期に「国語」という概念はありませんでした。日本が「近代国家としてみずからを仕立て上げていく過程と並行して「国語」という理念と制度がしだいに作りあげられ」、「国語」という体制実現のために「標準語政策」がとられたのです。[4] なお、「母語」という日本語は大槻文彦『大言海』（一九三二―三七）の項目となっており、「英語、Mother Tongue の訳語」と説明されています。

苅谷夏子さんは第1章で「国語力」を、「ほとんどの日本人にとっては、母語である日本語を使う力」と定義なさいました。「ほとんど」ということは「全員」ではないということです。つまり、日本で日本人として暮らし「国語」である日本語を使っていても、母語は違う言語である人は少なからずいることを含意しています。

母語というのは、文字通り、「母のことば」です。だからこそ、夏子さんがご指摘のように、母語は「いつの間にか」身についていきます。意識して学ぶのではなく、自然に「獲得」するのです。そのため、意識して学習しないと身につかない外国語と区別して、母語を「第一言語」と呼び、後から学習する言語を「第二言語」と呼ぶことがあります。

「第二言語」は、母語ではないのですが、外国語とは限らず、国内の違う言語を指す場合も含みます。世界には国内にいくつもの言語が存在している国が多く、欧州評議会はEU市民に「母語以外に二つの言語を学ぶ複言語主義」を提唱していますが、「母語以外の言語」とは外国語とは限らず、国内の他言語も含むとしています。日本でもアイヌ語や琉球語がありますし、各地の方言が多種あります。井上ひさしの小説『吉里吉里人《きりきりじん》』（新潮社、一九八五年）を例にとれば、母語が吉里吉里語なら「国語」が「第二言語」になります。

†やさしい日本語

本書のテーマは、「国語」と「英語」ですが、関連して無視できないのは「日本語」です。日本人が母語ではない英語を学習するのと基本は同じで、母語ではない日本語を学ぶ人たちが存在するわけです。母語としての「国語」に対して、日本語を母語としない人々に第二言語として日本語を教える場合は、「国語」教育ではなく「日本語」教育と呼びます。グローバル化の帰結として世界各地から日本に移り住む人々は年々増えており、日本語教育はこれまで以上に重要になっています。内なるグローバル化において避けて通れないのは、やはり言語の問題なのです。

人手不足を補うため二〇一八年に出入国管理法が改正されて新たな在留資格が設けられ、

外国からの労働者受け入れを促進する政策に転じたことから、今後は、日本語以外の「母語」を持つ人々がますます増加するでしょう。その人たちは日本で暮らしていくために「日本語」を「第二言語」として学習する必要があります。そのため、政府は新たに「日本語教育推進法」を策定し、国や自治体が日本語教育の方針を決め、企業がそれを実行することになっています。

日本語を学ぶ国内在住の外国の人々は文化庁によれば、二〇一二年度は約一四万人、二〇一七年度は約二四万人です。文部科学省によると、二〇一八年度に公立小中高で日本語指導を必要とした生徒は、全国で五万七五九人、前回調査より六八一二人増加（一五・五パーセント増）となりました。[5] 質の高い日本語教師の不足が課題になっていますが、各地でボランティアによる日本語学習の場も設けられています。そこで最近よく使われるのが「やさしい日本語」です。「やさしい日本語」講座、「やさしい日本語」を使った活動や交流などが盛んになっています。

ただ、いくつかの国際交流団体で聞いてみると、「やさしい日本語」とはどういう日本語かまでは深く考えていないようです。「ふだん使っている日本語を外国人に教えてあげる」「難しいことを教えてもしようがないから、やさしい日本語が大事」という程度のことで、語彙がやさしいのか、文法は教えないでやさしい会話表現だけを教えるのか、はっきりしていないことが多いようです。

「やさしい日本語」の必要性が言われるようになったのは、一九九五年の阪神・淡路大震災がきっかけです。多数の外国人が被災したのに、避難所や救援物資などの情報が届かないという問題が起こり、研究者が取り組み始めました。

二〇一一年の東日本大震災でも同じ問題が発生しました。政府や自治体は災害に関する情報を英語で流しましたが、それはあまり役立ちませんでした。日本に住んで働いている外国籍の人々は五〇以上の国々から来ており、英語ができない人も多くいます。多言語への翻訳が必要となり外国語大学の学生たちがボランティアで情報を翻訳しましたが、最も必要だったのは日本語による情報提供でした。日本では日本語が各国からの人々の共通語なのです。

ただし、母語ではないので、日本で生まれ育った日本人と同じように聞いたり読んだりできるわけではありません。緊急の際に理解できるような日本語はどういうものかを探求した結果、小学校五年生レベルの限られた語彙や文法で理解できるような日本語が必要だと判明し、「やさしい日本語」への取り組みが始まったのです。

ＮＨＫ放送文化研究所でも、災害のニュースなどを、いかに「やさしい日本語」で伝えるか、研究を続けています。通常の日本語ニュースのままだと、語彙を少しやさしくしただけでは通じません。肝心な情報が最後にくる日本語を変え、最も大切な情報を早めに簡潔に伝える、一つの文章を短くする、なるべく漢語ではなく和語を使う（「腹痛」ではなく「お腹が痛い」など）ということが求められます。とはいえ、注意しないと情報が正確でなくなるのが、やさしくする際の難しさのようです。

同時に、発音など話し方も大事です。聞いて分かるには、ゆっくり話すだけでなく、意味のまとまりごとに区切って、少し間をおいて話す、語尾をはっきり発音する、などの配慮が欠かせません。

このような試みを知ると、ことばを使ってやさしく説明することの難しさに思い至ります。

わかりやすくやさしい日本語がどのようなものかを考えることは、海外に開かれた国として大切ですが、外国からの人たちのためだけではなく、「日本語」を客観的に見つめ直し、自らの母語を振り返ることにもなります。

†「第二言語」と「外国語」

さて、日本語教育であれ、英語教育であれ、スペイン語であれ中国語であれ外国語教育を考える際には、母語獲得と異なり、意識して学習する必要が前提になります。日本人がなかなか英語に熟達しないことを揶揄《やゆ》して「アメリカに行けば赤ん坊でも英語を喋っている」と言う人がいますが、これは、母語である英語を獲得しているアメリカの赤ちゃんと、外国語である英語を意識して学習せざるをえない日本人とをごっちゃにしている乱暴な議論です。

ここで、ちょっとややこしいのですが、「第二言語」は、「外国語」との違いに焦点を当てて考えることがあります。たとえば日本人が英語圏に住んで毎日英語を使っている状況で学ぶのは「第二言語としての英語」(ESL = English as a Second Language) と呼び、普段は英語とは無関係に生きている日本で、学校などで勉強する「外国語としての英語」(EFL = English as a Foreign Language) と区別して考えます。学習の目的や習得過程が異なるので、分けて考えないと教育効果が上がらないのです。

これは英語だけに限らず、日本語でもそうです。日本に移住して日常的に日本語を使っている人々は自らの第一言語である母語とは別に、日本語を第二言語として習得していいます。それに比べて、海外にいながら教育機関で日本語を勉強している人々は、「外国語としての日本語」を学習しています。ヨーロッパの多くの国々では、中等教育でさえ選択科目としていくつもの外国語をそろえており、日本語を選択して勉強する中高生もいます。日本語環境にない中で勉強するので「外国語としての日本語」を学んでいることになります。

保護者の仕事などで英語圏に暮らし「第二言語としての英語」を身につけた帰国生が、「外国語としての英語」を学習する生徒と違い、発音などが母語話者に近くなるのは当然とも言えます。ただし、総合的な英語力の違いには個人差が大きく関わっており、日本で「外国語としての英語」を意識的に勉強した生徒・学生の読み書きの力が高いことは珍しくありません。

そのような個々の英語力の違いはどこから出てくるのでしょう。一つ考えられるのは、外国語として学習する場合も、第二言語として習得する場合も、いずれも「母語」の存在が大きく関わっていることです。異言語習得の基盤になるのは「母語」だからです。大村はま先生の薫陶《くんとう》を受けた生徒の一人が、大村はまの国語教育について「僕があの教室で得たものはOSだと思う」と述べたという逸話（第1章）は、的を射た比喩だと思いました。第二言語習得や外国語学習の際に「OS」となるのが「母語」だからです。

†日常会話と学習言語

第1章で苅谷夏子さんは、「普段着のことば」について語られました。読みながら、カナダでバイリンガル研究を長年続けているカミンズ（Jim Cummins）の学説を思い起こしました。

カミンズは、言語能力には二種類あると主張し、ＢＩＣＳ（基本的対人コミュニケーション能力）とＣＡＬＰ（認知的学習言語能力）と名付けました。分かりやすい日本語にすれば、ＢＩＣＳは「日常会話力」のことで、夏子さんの言葉を借りれば「普段着のことば」です。ところが、夏子さんの指摘通り、母語であっても「勉強の内容が複雑化したり、抽象化したりして、徐々に日常の暮らしから離れていく時期に、ことばが内容を背負いきれない」ことが起きます。これがＣＡＬＰ「認知的（cognitive）学習（academic）言語能力」です。「アカデミック」と言っても、大学や大学院で研究することではなく、小中学校などで学ぶ内容が高度になると必要になる、日常会話の範囲を超えた学習言語力を指しています。

この二種類の言語能力の差は、外国から移住しカナダや米国などの英語圏で暮らしている子どもの調査で、かなり大きいことが確認されています。その中には日本人児童も含まれています。子どもは大人より早く外国語を吸収し、親が顔負けするほどペラペラになるとされ、それが「英語は早く始めれば話せるようになる」という多くの日本人の幻想の根拠になっています。

ところが実際には、海外で暮らす子どもたちが流暢《りゅうちょう》に話すのは、「基本的対人コミュニケーション」つまり日常会話に止《とど》まります。そこから、抽象的な事柄を理解し学校での勉強に支障ない「学習言語力」を習得して、母語話者の子どものレベルに追いつくには、八年前後かかるとされています。かかる年数には個人差があるのですが、決め手は渡航年齢ではないかとされています。母語を獲得してから海外へ渡った子どもの方が、学習言語を習得するのが早いのです。

そこで、人間の言語能力は何か共通の基盤に根付いていると考えられています。その基盤とは、抽象概念を理解したり論理的に分析したりする能力で、まずは母語によって育成されます。母語を獲得してから海外の学校で教育を受けた子どもは、基底となる言語能力を母語で有しているので、それを共有することで外国語での学習言語能力が培《つちか》われるというのです。大村はまの生徒のことばを借りれば「OS」かもしれません。大村はまは、このような、言語の根っことでもいうべきOSを育てようと実践を行ったのではないでしょうか。バイリンガル研究に依拠すれば、大村はまが育てようとした言語の基盤は、英語という外国語にも転移可能なものです。

†文化が言語に及ぼす影響

第1章で、ことばの省エネを論じた箇所で、興味ある考察がなされていました。日本人は「周囲と摩擦を起こさず、期待に添う」という点についてては多くのエネルギーを割いているし、「他者との関係が優先」されているという観察です。「いきすぎた忖度」という描写もありました。実は、この点は日本語の現状というより、異文化コミュニケーションにおける日本文化の特徴と考えられるのです。異文化コミュニケーション研究のパイオニアであるホール（Edward T.Hall）は、いささかざっくりしすぎているきらいはありますが、世界の文化を二種類に分けました。

歴史や文化などのコンテクストを共有する度合いが低い「低コンテクスト文化」の社会においては、コミュニケーションは具体的、詳細、直截的であり、非言語メッセージではなく言語を駆使して表現することが多い。たとえば、多様な民族が共存しているアメリカ合衆国です。

対して、コンテクストを共有する度合いが高い「高コンテクスト文化」の社会では、コミュニケーションは直截的ではなく婉曲《えんきょく》な表現が多用され、人間関係を重視しウチとソトを分けることが多く、表情や語調などの非言語メッセージを汲み取ったり、空気を読んだりして相手の感情を忖度する。たとえば、日本です。「仲間と思っていない人とはあまりかかわらない」（つまり、ウチとソトを分ける）、「他者との関係が優先され」（つまり人間関係を重視）、「思いやりや配慮」という美しい面もあるものの、「いきすぎた忖度」が起こり得るのは、周囲を海に囲まれた島国で長い歴史と文化を共有してきたからこそ、と考えられるわけです。もちろん、すべてを文化に帰する文化本質主義は避けなければなりませんが、日本人のコミュニケーションを理解する際の一つの参考にはなります。

そのように考えると、日本人にとって「ことば」が「頼りになる武器」（第1章）であったことがかつてあったのだろうか？　という疑問が湧きます。「沈黙は金」で「そこまで言っては身も蓋《ふた》もない」のだから「腹の探り合い」が慣行の言語社会では、雄弁やおしゃべりは評価されず、むしろ足をすくわれることになりかねません。「仲間内で共感できる短い表現をもっぱら愛用する」（第1章）というのも今に始まったことではなく、親から子へと伝わり長年続いてきたということはないのでしょうか。「すごい」「やばい」「むり」しか言わない若者の親も、「うっそー」「まじ⁉」を連発し、帰宅した父親は「ふろ」「めし」しか言わない。もし、それが現実だとすると、英語が話せないのは当たり前でしょう。母語で言わないことを外国語で言え、というのは、それこそ「むり！」なのです。

「言語技術」（language arts）を英語教育に取り入れて指導している三森《さんもり》ゆりかさん（つくば言語技術教育研究所）によれば、欧米での教育は母語教育が基盤となっており、その母語教育で使われている手法が言語技術だとのことです。日本の国語教育と欧米の母語教育はずいぶん違うと感じますが、興味深いのは、最近は多くの日本企業から「社員の日本語コミュニケーション力を強化したい」と依頼されるというのです。研修では対話力トレーニングとして、「問答ゲーム」から始めるそうです。日本人の多くは、自分からは質問しない。相手から質問されても簡単な一言で済ませてしまう。そのような日本的コミュニケーションを変えるためです。ゲーム感覚でのトレーニングでは、積極的に質問する、聞かれたら「私は〜に賛成です」と主語を明確にして文章で答える、次に「なぜかというと、〜だからです」と理由を述べ、「だから私は〜をします」とまとめて、答えを完結させます。「英語のパラグラフ構成」をふまえた話し方の訓練です。

そのような主語を明確にした論理的な話し方をすると、日本社会では「私が、私がと言って、でしゃばる」「理屈っぽい」と嫌われることがあるのではないか、と質問したところ、日本式と英語式を使い分けることも併せて教えるとのことです。

浅草演芸ホール・東洋館の会長である松倉久幸さんは、誰かに意見をするときには、「私が」「私は」と主語を自分にしないよう気をつけてきたと、『起きたことは笑うしかない！』で語っています。[6] 説教や自慢話ではなく、手本になりそうな他人の話をして新人に助言するのだそうです。このような言語文化を生かしながらのコミュニケーション訓練を工夫することができたら、理想的です。

†気になる「短縮語」

それにしても、日本企業が社員の日本語コミュニケーションをなんとかしようと訓練を依頼してくるというのは、現代の日本語事情を反映しているのかもしれません。

言語力の基盤が母語であるという視点から近年の日本語を振り返ると、気になることがあります。第1章では、日本語を「省エネモード」で使っている例として、「すごい」「やばい」「むり」など短く便利なことばを繰り返して使うことを挙げています。それ以上の「省エネ」ことばもあります。短縮語です。

面倒だから単語を短くするのか、「あさドラ」(朝の連続テレビドラマ)のような四文字の音が好きなのか、短縮語は至る所に転がっています。「就職活動」が「就活」になり、結婚適齢期の男女は「婚活」、高齢になると「終活」が待っています。「原子力発電所」は「げんぱつ」、「取扱説明書」は「とりせつ」。音を聞いただけでは何のことかさっぱり分かりません。ごく最近、懇親会で飲みものを決めていた際に、「プレモルにしようか」「そうだね、やっぱプレモルかな」と「プレモル」なることばが行き交っているので、「それ何?」と質問したら、「プレミアム・モルツ」という商品名のビールのことでした。

†カタカナ語が多すぎる

英語の smart phone は、「スマホ」という、もとの英語からかけ離れたカタカナ語になりました。日本語学習者が苦労するわけです。だいぶ以前に、当時の総理大臣が「公文書にカタカナが多すぎる」と懸念を表明したことから、国立国語研究所が「「外来語」委員会」を立ち上げました。その委員としてカタカナ語の氾濫《はんらん》を知った時から、日本語の将来への不安を抱くようになりました。

「外来語」として定着しているカタカナ語は「コーヒー」「カステラ」「アルバイト」等々、枚挙にいとまがありませんが、近年は、英語由来のカタカナ語が急増しています。国立国語研究所では大規模なアンケート調査[7]を行って実態を調べた上で、大半の国民が意味を理解できないでいる外来語を抽出し、二〇〇二年から二〇〇六年にかけて日本語での言い換えを各省庁やマスコミに提案しました。[8]しかし法的拘束力がないこともあり、浸透しませんでした。調査では、コンピューター分野でカタカナ語が多いのは想定通りとして、医療分野で患者が正確な意味を知らない用語が多用されている実態が判明し、国立国語研究所は「「病院の言葉」委員会」（二〇〇七年設立）で検討した結果を、『病院の言葉を分かりやすく——工夫の提案』（勁草書房、二〇〇九年）として刊行しました。

第1章で紹介された「小児治験ネットワーク中央治験審査委員会」で登場した「アセント文書」も、医療分野でのカタカナ使用です。「アセント」は、おそらく「同意」を意味する英語のassentでしょう。小学生どころか、大人でも知らない人の方が多い英単語です。子どもが治験に参加する同意を得るために作られた説明書で、実際は保護者が読むにしても、どうして分かりやすく「同意文書」という日本語にしないのか不可解です。

同じようなものに「インフォームド・コンセント」があります。英語のinformed consentに由来しています。患者が自分の権利として、治療に関するすべての情報を、危険性や副作用も含めて、医師から得て（informed）、自らが判断して選択し、治療なり手術なりに同意すること（consent）を指します。第二次世界大戦後のニュルンベルク裁判で明らかになったナチスによる残虐な人体実験に対し「ニュルンベルク綱領」（一九四七年）が出され、それを受けて世界医師会が「ヘルシンキ宣言」（一九六四年）を公表。それが「インフォームド・コンセント」の出発点です。アメリカでは、医療の場における医師の説明義務と患者の同意権利として論じられるようになりました。この用語には、人間は自分の体について自身で決める権利がある、という強い人権意識がこめられているのです。

ところが日本ではいまだに、専門家である医師と弱者としての患者という権力構造の中で、この用語の持つ意味や意義が十分に理解されているとは言いがたい状況です。それをなんとかしようと「「外来語」委員会」では、日本語での言い換えを考え、「説明と同意」「納得診療」などを提案しましたが、一部の病院で使われたものの普及には至りませんでした。

哲学者の中村雄二郎さんは、「インフォームド・コンセント」と英語のまま使うのは、アメリカでの生命倫理という概念の中に問題を閉じこめることになり、日本におけるこの問題を突っこんで捉え損ねるおそれがあると警告しています。[9] とはいえ、適切な訳語はなかなかありません。直訳すれば「十分な説明を受けた上での同意」「必要な情報を得て納得した上での同意」ですが、英語での端的な分かりやすさがなくなります。短く「納得同意」、あるいは「納得診療」としてしまうと、医者と患者の生々しい人間関係が消えてしまいます。中村さんがたどり着いた訳語は、「説明と同意」でした。

同じような問題でも、国や社会が違い文化が違うと微妙なズレが生じるのは、ことばの翻訳だけではありません。問題そのものの主要な論点、つまり、どこに重要な問題があるかということも社会や文化によって異なります。カタカナ語がそのズレを表面的に覆い隠すことがコミュニケーションに資するかといえば、むしろ逆なように思います。

†貧弱になる日本語

カタカナ語は、日本語とは違う異質なものを表すので使いたい場合があることは理解できます。小学三年生の頃、詩を書く課題が出たので、雪について「真っ白いふわふわのドレスを着ているよう」と形容したことがあります。すると、先生から返された詩は、「ドレス」が赤線で消され、「ふつうに『ようふく』といいましょう」と先生の注意が添えられていました。私は「白い雪はおめかししてるから、ひらひらしてる『ドレス』なのに」と不満でした。「雪」の非日常性を表したくて、普段着ではない「ドレス」というカタカナを選んだつもりだったのでしょう。しかし今は、「洋服」という日本語があるのに、と直した先生の気持ちも分かります。

とくに最今は、必要はないのにあえて英語を使い、それも英語の音をものの見事に壊してしまっている例が増えている印象です。「賞」という日本語があるのに、わざわざ「アワード」と英語とは思えない奇妙な音にする。「仮想現実」と言えばすっと分かるのに、「バーチャル」などと不完全かつ異様な発音にしてしまう。

日本語を使えば意味は明確になるのですが、「介護」を「ケア」と呼んだりするのは、「介護」と言うと何やら暗いので、介護の現実は変わらないにしても明るい響きになるということでしょうか。実態を覆い隠す意図で使われるのだろうかと疑うくらいです。

それとも、英語を話したい夢が叶わないので、せめてカタカナにすれば、なんとなく英語っぽく、オシャレな感じになるということでしょうか。でも、それは儚い幻想で、大半のカタカナ語は、英語にない和製英語だったり、元の英語と意味がずれていたり、発音がまるで違うので英語ではなく完全な日本語なのです。カタカナ語を分析して元の英語とどれだけ乖離《かいり》しているかを調べることは面白いですが、英語学習の観点から言えば、カタカナ語は助けになるどころか邪魔にしかなりません。

福澤諭吉をはじめとする明治の人々が、たとえばsocietyは「世間さま」とは違う、これまでの日本にない新しい概念だと考え、「社会」という訳語を創り出した努力を思うと、最近は言語を粗末に扱い手抜きばかりだと感じます。これは単なる「日本語の乱れ」ではなく、現代日本における人々の言語意識、あるいはその欠如を象徴的に表しているように感じられます。省エネ語も短縮語もカタカナ語も日本語が貧弱になっている証のようで、多くの日本人の思考の源であり、他の言語を学ぶ基盤になる母語としての日本語の未来が案じられます。

注

1 Noah Harari, Yuval, *Sapiens: A Brief History of Humankind*, Vintage, 2015.（ユヴァル・ノア・ハラリ『サピエンス全史』上・下、柴田裕之訳、河出書房新社、二〇一六年）

2 Noah Harari, Yuval, *Homo Deus: A brief History of Tomorrow*, Vintage, 2017.（ユヴァル・ノア・ハラリ『ホモ・デウス』上・下、柴田裕之訳、河出書房新社、二〇一六年）

3 イ・ヨンスク『「国語」という思想』岩波書店、一九九六年、一三三―一六〇頁

4 イ・ヨンスク、前掲書、p.iii-vii

5 文部科学省「日本語指導が必要な児童生徒の受入状況等に関する調査（平成三〇年度）」の結果について（令和元年九月二七日）

6 鷲田清一「折々のことば」『朝日新聞』二〇一九年九月二三日朝刊

7 国立国語研究所「外来語に関する意識調査」

8 国立国語研究所『分かりやすく伝える 外来語 言い換え手引き』ぎょうせい、二〇〇六年

9 『臨床の知とは何か』岩波新書、一九九二年、一九六―二一一頁

第3章

いきいきとした教室へ

苅谷夏子

†原初的な「教えるということ」

第2章で鳥飼さんは英語教育を巡り、さまざまな学説、理論、ご自身の知見を豊富に、縦横にご紹介くださいました。

その一方で私は、国語教育の側、大村の仕事をお伝えする側として、同じように学説や理論という形で並べることはできない、ということがわかってきました。理論と理論を並べていく、という一番すっきりとした形はとれそうもありません。

†理論と実践

大村が国語教師として「教える」という専門の技を磨いていく上で第一の基盤としていたのは、「学ぶ」ということについての自分自身の体験的な感覚であった、と生徒であった私は、また晩年の大村の仕事を手伝った立場としての私は、考えています。

すとんと腹に落ちるようにわかるとはどういう感じか。わからないとはどういう状態か。「わからない」が「わかる」になる時のよい助けは？　知識や力が確かに身についていて「使い物になる」ためには、どんなふうに頭に入れればいいのか。「考えているようで、実はたいして考えていない」「わかったようでいて、ちゃんとはわかっていない」というよくある罠を、どう見抜くか。そういうことを、子どもの頃から熱心な勉強家だった大村は、まず我がこととして実感をもって摑んでいました。その実感を教師としての仕事の核としたわけです。

ことばを媒介させながら一人ひとりの生徒たちの頭の中を覗きこむようにして、「確かに考える」「問うていく」「わかる」「力が身につく」といった感覚を追い求めていくことが、大きな柱となったのです。これは、たいへん素朴な、教育という営みの原点にあたるような態度だと言えるでしょう。

大村はまは九八歳で亡くなる直前まで、力も時間もお金も全てを国語教育に捧げるような生き方をしました。その人が、自分の仕事を「大村国語教育理論」「大村方式」のような形でまとめることをしていません。その姿勢は一貫して「実践をもって提案する」というものでした。大村は教師であって、学者ではなかったのです。

教える仕事をする時、その成否を分ける最も重要な働きかけというのは、常にたいへん具体的な、微妙な、一回性のもの、ライブのものであるということを、大村は早くから実感していたようです。今この空間で、同じ空気を吸いながら、目の前のこのことに取り組んでいる生徒と教師、そのときどう働きかけることが確かに子どもの力を育てるのか――どんなことばで、どんな声で、どんな方向から、どんな手びきをすれば、子どもの脳がいきいきと動き出し、新しい何かをしかと獲得するのか。それは、常に具体的でしかあり得ず、一般化、抽象化を試み、「こういう時はこうすればいい」というモデルや「こうすべき」という理論にした途端に、どうしても鮮度が落ちます。

教えるという仕事をする人にとって、理論は下勉強としては有用でしょう。でも、どんなに優れた理論、破綻のない体系であったとしても、子どもたちの目の前に立った時、それを具体的にどう形にするか、という変換はすんなりとできることではありません。大村はまはそれを痛感して、自身は抽象化、理論化、方式化の方向はきっぱりと諦めて、自分の実践を時間と力の許す限り具体的に一つ一つ追求していきました。そこに、「教える人」としての自分の存在意義があると考えていました。

私自身は自分が「伝える人」であると思っています。親しい人に「語り部みたいだね」と言われたこともあります。学者でも研究者でもない。大村教室という希有の教育の事実を、一方の当事者であった生徒の側から、なんとか実際の姿を損ねることなく伝えようとしてきましたが、残念ながら理論化は私の任ではありません。とうにお気づきでしょうが、私は比喩を多用します。これも、あの教室で起きていたことを、綺麗に整理して伝えるよりは、できるだけナマの感触とともに動的に伝えたいと思うからです。相手の脳を揺り動かしたいと思うと、比喩という形になっています。

　これまで「伝える人」として努めてきた過程で実感したのは、抽象的に整理したことは、すんなりと読み手、聞き手に伝わったように見えても、そのあと実際にそれを具体に下ろすところがうまくいかない、という残念な、そして厳しい現実です。それを前にして大村はま本人も最晩年まで焦《じ》れていました。具体と抽象、理論と実践の確かな往復は容易ではないということでしょう（もちろん、それができることは非常に重要な目標ですが）。大村はまの仕事から私たちが何かを得るとしたら、その幅広く膨大な実践から受け取るべきものを探るのが、最も実りのある姿勢だと、いま私は考えています。抽象度を上げると消えてしまう部分を大事にしたい。

　そういうわけで、国語力と英語力を並べて考えていこうというこの本が、整然と理論と理論とをきれいに並べるという具合にはいきそうもありません。私は、具体に触れながらできる限りの整理をしていきますので、お二人にはそこにどんどんと切り込んで論を進めていただきたいと願っています。大村はまの理念と膨大な実践のありようを英語教育の世界から見たとき、何が見えてくるのか。第2章で鳥飼さんが書かれたように「言語習得」「言語教育」という中間地帯を、双方向から一緒に丁寧に見ることは大きな意味のあることに違いありません。私にとっては、大村はまの側だけをいくら見ても見えないものが、見えてくるに違いない。相対化に心から期待しています。

†大村はまのことばと教育についての信念

鳥飼さんのおっしゃるように、膨大な実践の背後には大村の信念とも言える「ことば」(母語)についての思い(言語思想)、「教育」についての信念(教育哲学)は厳然と存在しました。それは確かなことです。

人間にとって、ことばは最も大切な持ち物の一つだと大村は考えていました。人は、ことばというものを媒介させて、世界と向き合い、理解し、自らの感情を捉え、人と心を通わせる。私が中学生だった時、大村は「ことばは錐《きり》のようなものだと感じる」と言ったことがありました。捉えようがない、茫洋とした姿で目の前にある現実に、ことばを当てていく。すると錐のように現実に食い込んでいく感覚があり、そこで一つの理解が生まれる、そういうことのようです。錐とはまたずいぶん鋭いものをイメージしているのだなあ、と驚いたものですが、そのくらいの厳密さと鋭さ、真剣さを持ってことばを使っていたわけです。

そんなふうにことばを媒介させて世界と向き合うなら、登山家がハーケンを打ち込みながら岩山に登るように、それを頼りに一歩一歩考えや感情を認識し、整理し、気づき、疑問を持ち、わかり、納得し、伝え、共感し……と歩を進めながら、生きていく。ことばは一生を通じての「武器」のようなもの、と、戦争を憎んだ大村もあえてそう言っています。武器としか言いようがなかったのかもしれません。

こうして最大限の信頼をことばに寄せていたからこそ、子どもたちのことばの力を育てる教育の仕事は、大村にとって人生を捧げるにふさわしい天職でした。力を出し惜しむというような発想がそもそもなかった。子どもに一生の武器を渡そうというわけですから。たとえば、話し合うことを育てるためには、一時間の話し合いの準備にその何倍もの時間を費やしました。話し合いたい、話し合う必要がある、ぜひ発言したいことがある、という必然がまず用意されました。いざ話し合いが始まると、一刻一刻推移していく中で、瞬時に対応し、しかるべき指導をしていくために、大村はへとへとになるほどの集中ぶりでした。

†「賢い市民」を育てるために

実は、大村はまにとって、話し合うことを教えるのは、国語教師として根源的な課題でした。昭和二〇年、敗戦の後、大村は精神的なバランスを失うほど、激しく落ち込みました。ちゃんと目を開けて生きてきたはずなのに、あれよあれよという間に戦争になり、拡大し、街は焼け、原爆が落とされた。多くの命が失われた。いったいどうしたら良かったのか。大村は深刻に悩みました。そして、戦後の世の中が新たな旗印として民主主義を掲げたとき「民主主義というならば、普通の庶民がちゃんと話し合える人にならないといけないはずだ。そういう人を育てよう」と決意したことで、大村は新しいエネルギーを得て、新制中学校で再スタートを切ったのでした。手を挙げて、司会に指名されたら発言する、というような形式的なことでなく、大事なことを丁寧に心から話し合える庶民を育てようと本気でした。

大村にとって、ことばの力は、一人ひとりにとってのかけがえのない財産であり武器でありその人自身と分かちがたいものでしたが、俯瞰してみれば、社会的な武器としても期待していたことがわかります。対立、貧困、格差、分断、自然の脅威や病……難問に満ちた現実を、一ミリでも前へ進めるために話し合い、知恵を出し合っていく。エリートだけにそれを任せてはいられない、普通の人たち、庶民、市民も、それを担っていくのだ、と大村は考えたわけです。「賢い市民」を育てたかった。教育の使命として、一国語教師が大きなビジョンを描いたものです。でも大村は大まじめにそう思っていました。

†庶民にことばの力を

第1章で「普段着のことば」について書いた際に、「上等なよそゆき」ではなく「どこでも通用する普段着」を目指すという姿勢を紹介しました。これも、普通の庶民にことばの力を、という志に根を発しています。難解なことばでなければ難しいことは考えられない、というのではない。普通の人が普通の暮らしの中で、実感と共に使っていることばで、難しいことも論じていけるようでなければならない、と大村は念じていました。

日本では、どういう事情からか、専門的な本やアカデミックな文章にいかにも難しげな、裃《かみしも》を着たような語彙が多用される傾向があるようです。たとえば、もともと英語で書かれた経済学の本を日本語訳で読むと、語彙がいちいち難解で苦労するのに、英語の原本を読んでみると、驚くほど理解できる、というようなことがあります。難しいことばが高級というわけではないし、難しいことばを本当に使いこなすことは誰にでもできることではありません。自分に使いこなせることばを、しっかりと正しく、丁寧に豊かに使っていくように、それが庶民のことばの力を鍛えようとした大村の考えです。義務教育のしあげの段階を担っている、という大村の自覚が、こうした考え方の背景になっていました。

これは、鳥飼さんがご紹介くださった日常の生活言語に対するものとしての認知的学習言語能力CALPという概念（これはたいへん納得のいくお話でした。とくに、母語を獲得してから海外へ渡った子どもの方が、学習言語を習得するのが早い、という指摘は重要です）とは、少し異なる意図と視点に立った論だと言えるでしょう。そういえば、話し合うことを教えるための大村の徹底的な準備や働きかけを見て、筑波大学の甲斐雄一郎教授は、感嘆しながらも、私にこう訊ねられたことがあります。「ここまで行き届いたリーダーのいる話し合いは、大村教室の外には存在しない。そういう意味で、あの教室は出島のような特別な場だった。出島で学んだ生徒は、外へ出た時どうしたのだろうか」。

そうか、私は出島の出身者であったか、と、ちょっと驚いたり、面白く思ったりしましたが、考えれば、出島を出てからも私はあそこで学んだことを決して手放さず、なんとか出島流を貫ぬこうと悪戦苦闘してきた気がします。今、この本を書いているのも、その悪戦苦闘の一部かもしれません。思えば、鎖国の時代、出島で蘭学に触れた人たちが次の時代の重要な基礎を築いたということが、いい励ましになるかもしれません。

†大村国語教室の三つの要素

大村理論、大村メソッドと呼べるものはないとはいえ、大村はまの仕事の重要な要素を伝えようとしたら、やはりある程度はまとめる必要があります。鳥飼さんと大村はまの出会いの場となった鳴門教育大学附属図書館の大村はま文庫を一から作り上げてくださった橋本暢夫《のぶお》元教授は、次のように言います。

「学習のプロセスが、そのまま学習力＝ことばの生活を育て、自己を育てる」「主体的に自己を向上させていく」（平成三〇年度大村はま記念国語教育の会研究大会講演より）。生徒として、この見方に心から頷きます。そうだ、そういうことが起きている教室だった。そして私自身は、その教室のことを「いきいきとした教室」とまとめたいと思います。「いきいき」などと言うと、やけに甘い、素人めいた話のように受け取られることでしょう。けれども、活性化して鋭敏に自律的に反応する脳と心を、教室の必要条件とすることの正しさに、大村は確信がありました。そしてその必要条件を常に真っ向から受け止めて、妥協しなかった。大村教室の成果の土台はそこにありました。甘いどころか、実に厳しい、専門家ならではの姿勢です。

そのいきいきとした教室にあったのは、いきいきとしたことばと生徒と教師でした。

①いきいきとしたことば

新たにことばを獲得しようという時、それがどんなに生活に役立つ、重要な、深い意味のあることばであったとしても、ただそこにあるだけでは目に飛び込んできません。教科書に書かれたという時点で、なぜかよそよそしさを感じさせるということもありそうです。数あることばの一つとして、勉強しなければいけない学習材として、どこか無個性、無表情になり、少なくとも魅力的に見えない。もちろん、いつでもことばは文脈の中でふさわしい形で使われているはずで、個性も表情も持っているに違いないのですが、馴染みのないことばは、教室の中ではなかなか鮮やかに立ち上がってこないのです。

無個性、無表情で、剝製《はくせい》のことを思い出しました。

六年前の春、私は綿毛の塊のようなフクロウの子と出会い、強烈に惹かれて、ぽーと名づけて飼い始めました。今も私の頭上のカーテンレールにとまって、ぽーは眠っています。一昨年、『フクロウが来た』という本を書くことになり、その下勉強に、「我孫子《あびこ》市鳥の博物館」に出かけました。もともと野鳥が好きな私にとって、興味の尽きない展示物があふれていて、ガラスに額を押しつけるようにして次々と見ていきました。フクロウもいろいろな種類の剝製が展示されていましたし、骨格標本なども充実していました。でも、最初の興奮が収まった時に、痛烈に感じたのは、「ここの鳥はみんな生きていないんだ」ということでした。

フクロウはあまり飛び回りません。ぽーは家で自由に飛ばせていますが、それでもほとんどの時間を身じろぎもせずにじっとしています。そういう時、剝製のフクロウとたいして変わらないはずなのですが、実際には驚くほど違うのです。剝製はもう圧倒的に、生きていない。生気がない。当たり前のことですが、それは実に重大なことだと思えました。じっと眠っていても、ぽーは艶やかな生気に溢れ、六年たった今も見飽きませんが、剝製は、正確で、観察には向くものの、虚ろです。人を惹きつける力がまるで違うのです。

ことばというものの姿にも、このくらいの差はあります。

大村は、いきいきとした表情を持ち、人の暮らしの一片を見事に表すことばのあり方を子どもの前に示そうとし続けました。「ことばって面白い」と本心から思わない子どもには、教えても教えても本当には力にならない、と、大村は自分自身の経験からもわかっていました。だから四六時中、身の回りのあらゆる言語事象に目をくばり、生気のあることばの現場を捉えようと網を張り続けていました。勉強なんだから退屈でもがまんしなさい、と言わず、活きのいい魅力的な学習材を用意することが、大村教室の力となっていました。

ただし、いったん関心が確固たるものになれば、剝製も、一見無表情に見えたことばも、ちゃんと興味深い対象となり得る、というのは面白いことです。そうなれば博物館は魅惑のワンダーランドですし、辞書も愛読書たり得ます。鳥好きは、落ちていた羽根一枚でも愛をもって眺め、大事そうに手帳にはさんだりします。ことば好きは、たとえば古代エジプトのヒエログリフさえ、愛着の対象とするでしょう。そうしたことから言えば、「いきいきとしたことば」というのは、関心や基礎的な態度をまず樹立するための条件ということになるでしょう。

②いきいきとした生徒

主体的、自律的な学習者、というのは、教育の世界の「夢」です。人は、脳や心がいきいきと覚醒し、本気になっていないうちは、なかなか新しいことを学べません。でも、誰のためでもない、我がこととして主体的にものを考え、探り、ことばにしていく、それがなかなか勉強という場面ではできません。

それは、たぶん、多くの勉強が、勉強のための勉強であること、もうとっくに旧知に属し、誰にとっても新鮮でもないし、関心の対象でもないこと、そのことをほんとうに知りたいとは思っていないようなことを、勉強だからやっているだけ、ということがほとんどだからではないでしょうか。学ぶ側も仕方ないと諦めているのでしょう。

でも、それは諦めなくてもいいはずです。問いの立て方、自分にとっての関心の置き方、追求の方法、材料の集め方、整理の仕方、そうしたことを見直せば、「我がこと」と思える学び方があり得る。それで半分眠ったようだった勉強は息を吹き返します。大村単元学習は、その姿勢を持つことによって、中学生たちを主体的な考える人、学ぶ人に育てようとしました。

この時のキイワードの一つが「実の場」と言われています。教室の中でのカギ括弧《かっこ》付きの「勉強」でなく、人が現実の要請の中でものを考えようとする、知ろうとする、伝えようとする、その実践的なあり方のまま勉強する方法——それが「実の場」での学習です。「ごっこ」ではない、ということです。

ことばを学ぶこと、ことばを使っていくことがどれほど自分自身にとって一生を通じて大切か。大村がそれを身をもって示し続け、その価値を請け合い続けてくれたこと、それもまた、生徒をしゃんとさせ、覚醒させました。「ことば」を「我がこと」の重要な一部として受け入れた、と言えるかもしれません。教師に問われた時に答えられればいい、試験の時に正解が書ければいい、という限定付きの力ではなくて、自分にとって必要な時にちゃんと発揮できることばの力を目指していた。ほんとうに自分が必要としたときに、蓄えた多くの知識や力の集積の中からちゃんとしかるべく見いだされ、生かされる、それだけが力なんだ、それを目指しているのだ、と覚悟して勉強する。これが、生徒をいきいきとさせました。いきいきと学ぶ人には、そんな心意気がありました。

③いきいきとした教師

今、さまざまなＩＴ機器が発達し、教育現場でも利用がふくらんでいます。タブレット端末で優れた教師の授業を受講するようなことが、高等教育のレベルでも始まり、簡便に質問を入力するとすぐに回答やアドバイスをえたりすることも、朝飯前になりました。インターネットで検索して情報を得ることは、ほとんど日常になっています。そうした技術を活用して、新しいことを吸収していくという勉強のしかたは確かに始まりました。それは進化といっていいことでしょう。

けれども、目の前の人が体温と共に差し出すものこそが、人を（人の脳を）本気にさせ、しっかりと伝わり、受け止められるのではないか。何万年も、大事な情報はそうして伝えられてきました。ＩＴ技術の進歩に同調して、人の頭の仕組みが変質するとは思えません。生身の人を育てるのは、生身の人、という素朴なことは簡単には変わらないでしょう。

大村は、いきいきと学ぼうとする子どもを切望していましたが、本人がまずその先頭をきって、誰よりもいきいきと学び、考え、研究する人でした。知の世界ですでに完成形に達した静的な存在ではなく、現役の考える人でした。その考え学ぶ流儀を、先輩として教えてくれていたように思います。教室の中での大村は、生徒に向かい合って、価値の確定した、結論の決まっていることを教えるというよりは、生徒の前方を走りながら、半身になって振り向いては励ましたり、的確な助言をしたりしながら、一緒にクロスカントリーレースに挑んでいたような印象があります。

それができたのは、大村自身がいつも新鮮な課題に取り組んでいたからです。実際、教員生活の後半三〇年ほどの間、同じ単元学習を二度と繰り返しませんでした。どんなに成功した取り組みも、繰り返さなかった。新鮮さを、本気になって大事にしていたのです。取り組みが新鮮であれば、とくに繕《つくろ》わなくても、ことさら演じなくても、いきいきとした教師でいられたからです。本心からの興味をもって、その課題に生徒といっしょになって向かっていくことができたからです。もちろん、新鮮な取り組みが子どもたちを引きつけたことは言うまでもありません。

大村の仕事の中で重要な働きをしたものの代表が「てびき」です。大村の「てびき」は、「〇〇について考えてみよう」「主人公の気持ちが変化したとわかる箇所を探してみよう」といったような試験問題のような問いかけではありません。考えるべきところで実際に考えを進めるために、その入り口に立たせる。方向性を具体的かつ豊富に例示する。一人では思いつかないような幅広い発想の端緒を開いてみせる。漠然とした考えを明確にするために例を示す。経験豊富で優れた導き手が「ほら、たとえばこんな景色もある」と文字通り子どもの「手を引く」ような働きが大村の「てびき」です。

このてびきが有効だったのは、目の前の課題に対して非常に具体的に対応したものだったからです。今、この時、この子に、という「てびき」だからこそ、確かに役立った。そして、それができたのは、大村が準備段階で自分自身が本気になってそのプロジェクトに取り組み、教室の生徒たちをリアルに思い浮かべながら、頭の働かせ方、目の配り方、なにが難しく、なにが陥りやすい失敗か、そうしたことを一歩先に知っていたからに他なりません。大村は、自身の体験の鮮度が落ちないうちに生徒の手をひくことの有効性を、繰り返し実感していたでしょう。

こんなことは、教科書を最後まで教えなければならない一般の教員にできることではない、と思われることでしょう。けれども、新鮮さを生むのは一片の新しい実例だったり、気づかなかった視点であったり、ふとした素朴な疑問だったりします。一〇年同じテキストを教えてきたとしても、一一年目の今日、そこに新たな一滴を垂らす、ということがあるはずだ、それで授業は新鮮さを得る、と大村は言います。今、〝ブラック〟と称されるほど、教員が多忙であることは苦しい現実です。OECD加盟三四カ国の中で、国内総生産に占める教育に関する公的支出の割合が、日本は最下位でした（二〇一五年）。教育予算を増額し、教育に時間的余裕が生まれれば、教える仕事そのもののための研究、研鑽《けんさん》に力を注ぐこともできるはずです。知の先輩としての自分を鍛えることに割くエネルギーは、教員に元気を呼び戻すはず、と大村は考えていました。

✝ことばを刷新させる転機

現在、前章で鳥飼さんが述べられていたようなカタカナ語や短縮語の乱用、また第1章で述べた国語力があやしくなる事態などが起こっています。こうした日本語の現状は容易に改まるとも思えませんが、実は言語教育が一段深いものになれば、良い方向に転じることも可能なはずです。大村はそれを信じて仕事を続けたわけです。

ことばを扱う時の精度がいつもちょっと上がればいい。精度が上がる気持ちよさを知ればいい。ことばを豊かに、正しく、適切に、賢く使う、というおかしいほど単純で当たり前なことを心がければいいのです。そうなれば、曖昧でいい加減なことばの頼りなさがすぐに見えてくることでしょう。迂遠《うえん》だが、確実な方法、と大村は言っていました。

大村はまの教室でことばの力が育った最大の契機の一つは、ことばと向かい合う時に、今自分の考えていること、感じていることを表すのに、このことばが最適か、しっかりと伝わるか、表しきれないものがないか、余計なものまで表していないか、そんなふうに目を向ける習慣を身につけたことでした。「ことばを使う自分」を見る自分、というメタ認知的位置取りをする習慣は、多くの大村教室の生徒が卒業後数十年経っても手放さないものとなっています。認知―メタ認知をいったりきたりしながらことばを用いていくこと、それ自体が言語能力を鍛えていった、例のOSを進化させていったというわけです。

ただ、母語については、冒頭にも書いたとおり、空気のような存在であるだけに、それを刷新することは容易ではありません。大村教室では、大村はまがいたからできたことです。となると、外国語学習がかえって言語感覚を磨く契機を与えてくれるかもしれないと期待したくなります。

たとえば英語を学ぼうとする時、単語一つを見ても、単純に日本語と一対一の対応をしているわけではありません。私が学校で学んだ頃は「単語カード」というのがあって、小さな長方形のカードの表に英語、裏に日本語を書いて、めくりながら、flower = 花、というふうに覚えていくのが初歩的な学習法でした。でも実際には、そんなふうに一対一で単純に結べる語彙は実はそんなにないはずです。単語でなく文章になると、一気に複雑さは増します。そうなると、二つの言語を跨いでものを考えるたびに、頭の中で個々のことばの意味の広がり、範囲、語感の特徴などが意識化される必要が、いやがうえにも常にちょっとずつ起きるのではないのでしょうか。ことばを対象化する過程でメタ認知的な視線が生まれる。それは、言語感覚を磨く格好の機会なのではないか。

周囲の友人たちに聞いてみると、大村教室育ちの生徒の多くは、英語学習でもその力を発揮しているようです。OSがここでもいい働きをしてくれて、もう一つ別の言語体系を搭載することを助けてくれているということになります。先ほど、外国語に向き合うときにメタ認知的な視線が生まれる、と書きましたが、そうなると、OSを活用しながら別の言語体系を取り込もうとする作業は、翻ってOSの進化につながる、ということがありそうです。英語を学ぶことが母語の力をも磨くことにつながる可能性があるのではないか、ということになります。もちろん英語の学習が良いかたちで行われた時の話ですが。

†高コンテクスト文化の中の日本語

日本人のコミュニケーションのあり方について、第2章で紹介された「高コンテクスト文化」という見方は、「やっぱりそうか」と思わずにいられません。仲間内でツーカーで通じる、驚くほど摩擦の少ない、居心地のいいことばにあまりに慣れすぎて、その裏で、コンテクストを共有していない人とのコミュニケーションは狭まり、摩擦が面倒に感じられ、拒絶や疎外に結びついているように見えます。グローバル化などと声高に言う割に、実は閉じこもろうとしているのではないか。仲間内の閉じこもりと深刻な引きこもりとは、一つの現象の二つの側面なのかもしれません。

ただ、そういう中で日本語が「頼りになる武器」であったことがかつてあったか、という問いかけについては、「あった」と言いたいところです。周囲を慮ることを優先させた結果、具体的に、詳細に、直截的にものを言いがたい文化の中で、それでも歯ぎしりするように力を込めて自分のことばを発した人、その結果、強い伝達力をもった人が、いたし、今もいる、と言いたい。大村は、教室という集団の中でそういうふうにことばを使っていくことを励まし、それを支える鍵として、「安心」ということばを使っていました。ことばの力を育てる勉強の場としての教室では、心から、まっすぐにことばを使っていきたい。そのためには、「こんなことを言ったら、嫌われるか」「みんなに反対する意見を出したらまずいか」「どう言えば、場の空気に合わせられるのか」などという用心を必要としない、安心して心のそこから、思いの通りにことばを交わすことのできる集団であることが大事にされていたのです。そういう教室を作ることも、大村の仕事の大事な基礎となっていました。それもまた、大村教室が出島であったという一つの印かもしれません。

それにしても今、厄介な方向に爛熟《らんじゅく》してしまったコミュニケーションのあり方が危惧される状況の中で、英語教育において、4技能に加えてコミュニケーション能力が重視されていることに、いくつもの疑問が湧いてきます。そもそも、母語でのコミュニケーションを超えるようなことが、英語を身につける過程でできるようになるのか。コミュニケーションというのは、社交的に、よく言う「ことばのキャッチボール」さえしていればいいのか。口語表現を学習し、定型のやりとりをなぞることとはまったく違うと思うのですが、どうでしょう。コミュニケーションを力として見るとき、どんなとらえ方ができるのでしょうか。ぜひ考えてみたいことです。

第二部

理論と実践、演繹と帰納

第4章　理論とは何か

鳥飼玖美子

†大村はまの実践

大村はまが、ご自身の教育実践をあえて「大村方式」にまとめようとせず、一貫して「実践をもって提案する」教育者としての姿勢を貫かれたのは、清々しい生き方で立派だと共感します。英語教育界でよく見受けられる「○○式メソッド」は、この方式なら絶対に英語を話せるようになりますと謳《うた》っているものの、第二言語習得理論などをふまえていない俗説が多いので、なおさら尊敬の念を深くします。

それでも私は、大村はまの実践を多くの人々が共有し、時代や分野を超えて将来の世代の学びに生かすには、言語理論に関連づけて再解釈し一般に理解してもらうことも有効ではないかと考えています。

どうしたらそれが可能になるかは分かりませんが、国語教育の中での大村はまの実践を

「言語教育」という中間地帯で再検討すれば、英語教育への橋渡しになるのではないか、ということは考えており、言語教育理論にその糸口を求めようとしているのかもしれません。それで夏子さんがお書きになる大村はまの実践の事例を読んで、それは言語教育分野でのこの学説に近い、などと感想を述べているわけです。

大村はまは生涯にわたる実践を通して、苅谷夏子さんのような生徒を育てることができましたし、その夏子さんは「語り部」として大村はまによる「ことばの教育」を広く伝えてこられました。それを英語教育に応用し子どもたちや生徒たちが大村はまの恩恵を受けられるようにするためには、言語教育として普遍化もしくは一般化できれば良いのですが、その方策となると、考え込んでしまいます。大村はまにインタビューすることができれば、オーラル・ヒストリー研究を行いたいところですが、残念ながら無理ですので、「語り部」にお任せすることになります。

それでも心のどこかに、大村はまの実践を理論的に解明しようとする研究者が出て欲しいという願いもあります。その布石《ふせき》という気持ちもあって、実践を支える理論の役割について考えてみたいと思います。これは、大村はまの実践に限るわけでなく、誰であっても自らの実践を振り返るための手掛かりとして理論は有効だと考えるからです。

†大村教室と「出島」

そのようなことを考えていた中、第3章で紹介された大村教室「出島説」に興味を持ちました。長崎通詞で知られる長崎の出島ですね。

江戸時代に、いわゆる鎖国令（一回目は一六三三年、一六三九年の五回目で完結）が出て、日本人の海外渡航が禁止され、キリスト教の布教を防ぐためにポルトガルの対日貿易が禁止となり、オランダだけが日本の通商相手として認められるに至りました。そのため長崎に作られた人工の島が「出島」で、一六四一年から一八五九年までの二八〇年間、オランダ商館が置かれました。小さな橋が長崎市街に通じていたものの、オランダ人は出島に閉じ込められて暮らしました。そこに通詞が出入りすることで、出島は日蘭交流の場となったのです。

甲斐雄一郎・筑波大学教授は大村はまの教室を「出島のような特別な場だった」と評したとのことです。「出島で学んだ生徒は、外へ出た時どうしたのだろうか」との問いに対し、夏子さんは「(大村教室で）学んだことを決して手放さず、なんとか出島流を貫こうと悪戦苦闘してきた」と述べられ、本書もその一部であると語られました。

面白いのは、出島に出入りして仕事をしていた長崎通詞にも、「実務派」と「学究派」

がいたようなのです。[10]「実務派」は、通訳・翻訳の実務に専念した、いわば「実践者」です。「学究派」は、翻訳・通訳の専門家として実務を担うだけでなく、西欧の医術・科学・文化に関心を抱いて自主的に学び、本務以外に医術やオランダ語を弟子たちに教えたりもしていたようです。さらに通詞を辞して医学や文化などの相談役として大名に仕えたり医師となって蘭方医《らんぽうい》学《がく》を講じるようになった事例もあり、「出島」の外に出た長崎通詞たちが日本各地に散らばって西洋医学を中心とした「蘭学」を広めたのです。

†「同時通訳の神様」は理論を知らない「たたきあげ」

「出島」の話で思い出しました。「同時通訳の神様」と呼ばれた國弘正雄さんのことです。同時通訳者から、三木武夫外務大臣に請われて秘書官となり、三木内閣では外務省参与、後に護憲派の参議院議員になった國弘さんに、通訳者のオーラル・ヒストリー研究でインタビューした際、自らを「たたきあげの大工」と呼んで、こう語りました。

> 僕は同時通訳については、同時通訳の理論とか理屈とかなんとかいうようなことは、一切知りません［…］たたきあげの大工に、建築学の理論なんかを講義させられたら困ります。

（鳥飼玖美子『通訳者と戦後日米外交』みすず書房、二〇〇七年、二〇七―二〇八頁）

同時通訳が導入されたのは第二次大戦後のニュルンベルク裁判が最初で、その後、国連で導入、日本でも東京裁判（極東軍事裁判）で主として「同時読み上げ方式」が実施されましたが、当時の通訳者たちは、前例のない「同時に通訳する」ことを、ともかくやってみるしかありませんでした。戦後日本の復興を目的にアメリカ国務省に招かれた日本生産性本部視察団に同行した國弘さんたちも、さしたる訓練なく通訳現場に放り込まれ、仕事をしながら通訳技術を磨きました。自分の通訳について理論的に説明することなどできるはずもありません。結果として、同時通訳パイオニアたちの「技」は、特定の通訳者の「名人芸」「美技」で終わってしまいました。

†理論研究の必要性

翻訳／通訳における理論研究の必要性についてマンチェスター大学のモナ・ベイカー（Mona Baker）教授は、「翻訳・通訳が専門職であるなら、自分が何をしているのか、どう訳しているのか、なぜ他の訳出方法ではなくこの訳し方を選んだのかを振り返るために、理論を知る必要がある」と主張し、医師になぞらえて次のように説明しています。

医師は、医学を学び、人体の仕組みや薬品の副作用などについて熟知していなければ治療法を選ぶことができない。医学的な訓練を受けていても必ず治療に成功するという保証はないが、少なくとも医学を知っていれば、（a）想定外のことが起きてもリスクを最小限に抑えられる、（b）勘に頼るのではなく確かな知識に基づいて判断しているので自信が生まれる、（c）世界中の専門家集団と知識を共有しさらなる探求が可能になる。いうまでもなく、理論的な知識だけでは価値がない。実践体験にしっかりと根付いていてこそ、理論が生きるのである。

（Baker, M., *In other words: A coursebook on translation*, London & New York: Routledge, 1992 筆者により部分的に抽出して日本語訳）

海外では、翻訳研究から遅れて一九五〇年代から同時通訳の情報メカニズムの解明を目指した認知心理学の研究が始まり、最近では医療や法廷の場における対話通訳の言語学的分析、通訳者の役割、規範、倫理などの社会学的研究が盛んになっています。ただ、理論に関心のない通訳者は多く、とくに日本では通訳についての理解が乏しく社会的認知が低いことにつながっています。通訳とは何かを説明できる理論研究が求められる所以です。

†学習法の効果を示すのにも理論が必要

これは通訳だけでなく英語教育についても言えることです。國弘さんは神業のように同時通訳をする英語の達人として尊敬されていましたので、國弘流の英語学習法を真似する人も多くいました。國弘さんが著書『英語の話しかた』（サイマル出版会、一九七〇年）で、曹洞宗《そうどうしゅう》の開祖・道元の「只管打坐《しかんたざ》」にならい「ひたすら英語を音読する只管朗読」について語ってから、「音読」が流行しました。「中学校二年三年の英語の教科書を何回も声に出して音読すれば英語が上達する」「暗記する必要はなく、時間がある時に何も考えずに音読だけすれば良い」という簡便な練習法なので、「メソッド」として採用した英語塾もあったようです。ただし、科学的根拠のある学習法ではなく、あくまで一人の英語達人の学習体験です。

國弘さんが「音読」を試したのは、父親から教えられた漢文の「素読」がもとになっています。意味は分からないまま音読したことを思い出して英語にも応用した、と語ってくれましたが、その際に、「素読をやらされたけど、中国語を話せるようになったわけじゃないから、残念だ」と述懐したのです。つまり音読の提唱者自身が、音読だけでは外国語を使えるようにならないと認めたことになります。

では、國弘さんはどうやって英語力をつけたのでしょうか。それは、中学生時代から音読以外にいくつもの方法を試し、英語学習に最大限の努力を傾注したのです。第二次大戦直後の神戸で、街でぶらぶらしている進駐軍兵士に英語の教科書を見せて読んでもらい発音やイントネーションを知る、今度は自分が声に出して読んで兵士から発音を直してもらう、駐日デンマーク大使に手紙を書いて依頼し、英語の冠詞に関するイェスペルセン（Otto Jespersen）の論文を送ってもらい冠詞の使い方を猛勉強する等々。「習うより慣れろ」ということわざをもじって、「慣れるまで習え」が英語学習なんだ、とよく語っていました。つまり、一人の人間が成功したことの一部だけを真似ても、成功するとは限らないのです。

ある学習方法が誰にとっても効果的かどうかを見極めるには、特定の条件下での実験や調査などのデータを収集して検証し、普遍性を確認することが必要になります。「音読」で英語力が増強するかどうかは、他の方法を入れず音読だけの実験をしてみて、英語力のどの部分がどれだけ伸長したかを客観的に調べるのです。先行研究では、「声を出して読むと内容把握がおろそかになるので、読解力育成には却《かえ》って弊害がある」という説もあります。

音読に似ている指導方法に「シャドーイング」があります。「影（shadow）のようについて繰り返す」という意味で、「リピーティング」とも呼ばれます。もともとは同時通訳訓練の入門期に、耳から聞こえてきた音声をそのまま同時に繰り返す練習ですが、「意味の理論」で知られる会議通訳者のセレスコヴィッチ（Danica Seleskovitch）が「意味も考えずに音だけを繰り返す練習は、通訳とは聞いたことをオウムのように繰り返すものだという誤解を与える」と反対して以来、欧米では下火になりました。ところが、その指導法が、なぜか日本の英語教育で取り入れられ人気になりました。

ただし、この指導法を英語教育で実験した研究では、リスニングに良い影響があったものの、発音やリズムなどに予想していたほどの効果がなかったという結果でした。それに対し、音声に特化したプロソディ・シャドーイングなら効果があるという主張もあります。そのような議論が単なる水かけ論に終わらないためには、研究を積み重ねる必要があり、それがやがて理論になるわけです。

†「理論」とは何か

さて、そもそも「理論」とは何でしょうか。広辞苑（第四版）では「理論」の項目にtheoryという英語を入れた上で、最初に「個々の事実や認識を統一的に説明することのできる普遍性を持つ体系的な知識」という語義を挙げています。次に「実践を無視した純粋な知識」という定義を出し、「この場合、一方では高尚な知識の意でもあるが、他方では無益だという意味のこともある」と説明を加えています。三番目の定義は「ある問題についての特定の学者の見解・学説」です。大辞泉（オンライン）では「個々の現象を法則的、統一的に説明できるように筋道を立てて組み立てられた知識の体系」と定義し、「実践に対応する純粋な論理的知識」との説明を加えています。

こうして改めて「理論」の意味を確認すると、「実践」と対立するものとして捉える語義が確かにあり、前章で夏子さんが念頭に置かれていたのは、「実践を無視した純粋な知識」としての「理論」ではないでしょうか。でも私は、理論と実践を対立する概念とは考えておらず、実践から理論、理論から実践へと往還させるものとして理解しているのです。

ニュージーランドの大学で、国際関係論コースに置かれている「人権」に関する講義を見学したところ、初回の授業で、人権を考えるにあたって、まずは「なぜ理論（theory）を学ぶ必要があるのか」を説明していました。「理論によって私たちは「思考の枠組み」を得る」「理論は、ある問題についての答えを探す際の拠り所になる」と解説し、「すでに認められている理論もあるが、理論化へ向かっている途中の学説もある」「国際関係を論じられる普遍的な理論はないが、定義付けは可能である」など理論の限界も認めた上で、「現実主義」「新・現実主義」「自由主義」「構成主義」という四種類の異なる学術的な立場を概説し、それが「人権問題」の見方にどのような違いを生むか、学生たちに考えさせようとしていました。つまり「理論」というのは、完璧なものとは限らず昔の理論を新たな理論が更新して常に進歩していくものであり、現実離れした空疎なものではなく、何かを考える拠り所として使えるものだと言えます。

それは言語に関する理論でも同じです。他の動物と違い人間だけがことばを獲得することは既に証明されています。赤ちゃんの言語獲得は、最初は「バーバー」など意味不明の喃語《なんご》から始まり、やがて一語を発するようになり、二語文になり、どの言語でも同じような過程を経ることも分かっています。では人間の赤ちゃんが、よほどの例外を除いて誰もが母語を獲得するのはなぜか、については関連する研究分野で様々な理論や仮説が生まれています。

外国語教育については、一九世紀に圧倒的な人気を博したのが、母語獲得と同じように、学習している言語だけを使って学ぶ「直接法」(Direct Method)でした。日本では、すでに高校で「英語の授業は英語で行う」のが基本となっており、二〇二〇年からは中学でもそうなります。ところが、この学習法は、学ぶ意欲が高い大人を少人数クラスで優秀な教師が教える民間の外国語学校では効果的だったようですが、公教育ではうまくいかず、理論的な根拠がないことも批判の対象となりました。

現在では、母語獲得と第二言語（外国語など）の習得は、似ているようでいて異なる、というのが第二言語習得研究で明らかになっています。そのような理論研究をふまえて登場した外国語指導法のうち、戦後のオーディオリンガル・メソッドは、構造言語学と行動主義心理学に基づき、学んでいる外国語を使っての反復練習が中心です。日本をはじめ世界中で、ＬＬ教室を使ってのパターン練習が流行りました。しかし条件反射のように言語を習得するという根拠が理論的に破綻し、効果も上がらなかったことから衰退しました。その後に生まれたコミュニカティブ・アプローチは現在の日本での英語教育に影響を与えているもので、社会言語学や機能言語学を理論的支柱としています。正確性は重視せず、「紹介」「招待」「断り」「依頼」「謝罪」など、コミュニケーションの場面における言語の使い方を学習し、必要に応じて母語の使用を容認します。

†理論と実践の往還

「理論と実践の往還」については、中村雄二郎が提唱している「臨床の知」が参考になります（『臨床の知とは何か』岩波新書、一九九二年）。

中村は、近代科学が力を得たのは［普遍性］［論理性］［客観性］という三つの原理にあるとした上で、そのような原理を追求することで見えなくなってしまった［現実］に光を当てます。現実の一つは［生命現象］そのもので、もう一つは対象との［関係の相互性］（相手との交流）です。「臨床の知」とは、医学的な臨床ではなく、さまざまな場や時間のなかで邂逅する対象が、多様な意味を持つことを考慮しながら交流して「事実を捉える方法」です。

さらに「実践」について中村は、古代的な実践知としてアリストレスの「事例論」を取り上げて、説明します。多くの問題は不確かな要因から成り立っていて、論理的に割り切れるわけではない。それにどのように対処したらいいのかを考える知恵は、言語の使用と密接に連関づけられている、というのです。人間は実践を通して現実と関わり、その際に大きな役割を果たすのは、言語なのです。もしかすると、この点こそ、大村はまがことばの教育で体現しようとしていたことではないでしょうか。

現実と関わるとき、人はそれぞれ独自の決断と選択をすることによって、「隠された現実の諸相」を引き出しており、そのような実践からの挑戦を受けて理論が鍛えられ飛躍するという考えを、「実践は理論の源泉」と中村は表現しています（前掲書、七〇頁）。

付け加えれば、実践は場所という制約を受けざるをえませんし、時間的要因を考えれば歴史性を無視しえないとも考えられるわけですが、これは第3章で夏子さんが言及されていた、教えるという実践の「一回性、ライブのもの」と何らかの関連はあるでしょうか。

「ライブのもの」というカタカナ語の意味をはっきりと摑めないのですが、英語で形容詞のlive（ライヴ）は「（死んでいるのではなく）生きている、生存している」「生の」「生放送の」という意味で、aliveは「生きている、生き生きとした」です。文脈から推察すると、「今、ここで」（here and now）起こる一回限りの即時性（immediacy）のことでしょうか。

「即時性」ということばを聞くと、私は「通訳」を想起します。翻訳と通訳との最大の違いは、書記言語（書かれたもの）を翻訳するのは時間的余裕があり、通訳は音声言語あるいは手話言語を、その場で訳す「即時性」が特徴です。そうか、「教える」という行為も通訳と同じように「今、ここで」ということなのか、と納得しましたが、そうなると通訳と同じく、教えることも一回限りで消えてしまうのが宿命ということでしょうか。文字としての記録が残る翻訳は早くから理論研究が始まりましたが、その場限りの通訳実践は記録に残らないので研究を困難にしています。その違いはあるけれども、「今、ここで」の営為だから理論の必要はない、ということにはならないでしょう。このように考えると、理論研究をしたから、一回性の行為の「鮮度が落ちる」というわけではないように思います。

先に説明したように、自らの行為を振り返る際に、理論は有用です。外国語教育でも、教育現場にいる実践者としての教員が、自分の授業を振り返り改善するために第二言語習得理論や外国語教育理論を学んで授業研究を行うアクション・リサーチ（action research）という研究方法が一九四〇年代にアメリカで生まれており、その中でリフレクション（reflection）＝「振り返り、内省、省察」は重要な要素です[11]。そして、そのような実践研究が、やがて理論を生み出すわけです。大村はまの創意工夫に満ちた実践は、国語や英語などの言語教育において、「理論の源泉」となるのではないでしょうか。

†比喩という表現方法

そういえば、第1章で紹介された大村はまの「普段着のことば」という比喩を、私は取り違えて「日常会話」と解釈し、カミンズのＢＩＣＳ（基本的対人コミュニケーション力）に結びつけてしまいました。言語教育という共通の場に乗せられるという目論見でしたが、大村はまの「普段着のことば」は、私が考えたのとは違う意味だったのですね。「インフォーマルな状況でのくだけたことば使い」と「フォーマルな場での丁寧なことば使い」の違いでもなさそうです。大村の考える「普段着のことば」とは、「普通の庶民が難しいことばではなく程度の高いことも論じていけるようなことば」だとのこと。

「ことば」を「普段着」に喩えるのは、とても面白いのに、日本語母語話者の私は誤解してしまいました。比喩は、説明を分かりやすくするために、相手がよく知っていることや、似ている例になぞらえて表現することで、「〜のように」とたとえであることが分かるような直喩や、そうとは分からない隠喩（メタファー）など幾つかの種類がありますが、どの言語でも日常的に使われます。それなのに、なぜ私は誤解してしまったのか。たぶん、私がすでに自分の中に持っている「普段着」の心象や認知の枠組みが影響したのでしょう。

そういえば、比喩は通訳翻訳では要注意です。たとえば動物の比喩は意外に難物です。動物に対してのイメージは文化によって違いますし、その動物が生息していない地域では理解されないことがあります。かつて鈴木善幸《ぜんこう》首相が訪米の際に使い、騒動となった「針ネズミ」[12]（ハリネズミ）は、英語ではhedgehogですが、北米には生息していません。生息している北ヨーロッパやアジア、アフリカでのイメージは、「武器を持っているが平和のヒーロー」から「抜け目ない」「欲深いケチ」「喧嘩っ早い」とピンからキリまであります。文学作品で比喩は頻出しますので、翻訳者によって、近似していると判断される日本語の比喩を使うか、意味を解釈して説明的に訳すか、翻訳方略が違ってきます。いずれにしても、単語レベルでも言語が異なれば等価（意味が同じ）はありえないので、ましてや瞬時の判断が求められる通訳者は比喩に苦労します。

「普段着」を外国語に訳すこと自体は難しくないのですが、どういう服装を「普段着」とみなすのか、「どこでも通用する普段着」とはどういう服かは、文化や社会や時代によって違う可能性があります。妙な例ですが、ユニクロが開発したステテコの女性版「リラコ」は、着ていて実にラクなので、私はパジャマか、せいぜい室内着だと考えていました。ところが、リラコは「ワンマイルウェア」の範疇に入り、自宅から一マイル圏内、つまり「ちょっとそこまで」なら着て出かけられるよう、室内着では必要ないポケットが付いているのだそうです。日常生活の必要性から考え抜かれた「普段着」なのだ、と説明されました。

大村はまが念頭に置いていた「普段着」は、難しい日本語でなくても、いつも使っている平明な日本語で主張すれば良い、ということなのでしょう。

†日常会話で使わない語彙

前項に出てきた「程度の高いこと」という表現は比喩ではありませんが、やや曖昧なので、具体的にどういう内容を指すのか説明がないと、話し手（書き手）と聞き手（読み手）の解釈がずれかねないような気がします。難しいこと即ち内容的に程度が高いとは限りませんが、英語の場合、日常会話程度の語彙では、ある論点について喧嘩ではなく知的に議論するのは難しいと思われます。

国際的な問題について意見を述べたり社会における多様性について主張するなどは日常会話で使う英語では不十分です。それだけの内容に見合う語彙は日常会話ではそれほど登場しません。英語の検定教科書が日常場面で使う表現を中心とするようになったのは、会話で使わないような単語や表現を扱うことへの批判が多かったからでしょうが、定番の「自己紹介」や「道案内」などの会話だけでは、英語での討論や説得や交渉はできません。

現在の日本の英語教育では中学高校で合計三〇〇〇語を習得していますが、二〇二〇年からは小学校・中学校・高等学校で合計四〇〇〇～五〇〇〇語を習得することになります。しかし仕事に使うには八〇〇〇から一万語は必要だとされています。そこまでの語彙習得を学校教育に求めるのは無理なので、学習者自身が努力しなければなりません。それには、単語の丸暗記ではなく、読むことを通して、文脈の中で単語がどう使われているかを学ぶ必要があるのです。

そのような意味では、外国語である英語を学習する場合、日常会話に使う英語と認知的に高度な内容に対応する学習言語には違いがあると考えた方が良さそうです。付け加えれば、学習言語は読んだり書いたりする際に必要となることばが中心となります。

日本語では言文一致になった明治以降、書きことばと話しことばの差が狭まったとはいえ、やはり違いはあります。国語教育ではその違いをどう扱っているのだろう、大村はまの「普段着のことば」は、書きことばと話しことばのどちらを念頭においていたのだろう、などと考えていた折、神津《こうづ》カンナさんプロデュースの「耳で読む文学」という会に初めて出かけました。「日本の短い文学を探る」[13]と題し、短歌・和歌、俳句、狂歌、川柳、さらに詩を、中村メイコさん、神津はづきさん、大出俊《おおいでしゅん》さんの三人が朗読するというもので、坂田梁山《りょうざん》さんの尺八を伴っていることを除けば、英米でよく行われる詩の朗読会を彷彿とさせました。でも、日本語の和歌や詩を、目で読むのではなく声として耳で聞いた経験はあまりなかったので、まさしく「声としてのことば[14]」（orality）を体験することになりました。

たとえば、「いちめんのなのはな[15]」とひたすら繰り返す山村暮鳥《ぼちょう》の詩。最初に神津はづきさんが静かにやわらかく朗読し、次に大出俊さんが落ち着いた声で朗々と、最後の中村メイコさんはあたかも幼い少女が声を弾ませているように語ります。

耳を傾けていると、まるで目の前に鮮やかな黄色い菜の花が一面に広がるようで、書きことばや話しことばの違いを超える「ことばの力」を実感したのでした。

大村はまと欧州評議会の共通点

ところで「国語教育における大村はまの実践」は、現在の国語教育では、どのように活用されているのでしょうか。「単元学習」は、確か大村が始めたものだと理解していますが、現在の国語教育で大村教室の実践がどのように生かされているかを知りたいと思います。

それにしても、大村はまが、ことばの教育を実践することで「賢い市民」を育てようとしていたと知り、なんという慧眼《けいがん》だろうと感嘆しています。これは今の時代にこそ求められる教育者としての姿勢ではないでしょうか。欧州評議会が言語教育で目指していることも、同じです。

欧州評議会は、民主主義・人権・法の遵守を目的に七〇年前に作られ、「民主的な市民性」(democratic citizenship)育成のために教育は不可欠だとしています。言語教育についても、文化の差異を障壁から相互理解へ転換するために必須だと考え複言語主義の理念を打ち出し、外国語教育の専門家集団が実践と理論の両面から四〇年近くをかけてCEFR(ヨーロッパ言語共通参照枠)という画期的な言語教育の道標を作り上げました。

日本では、CEFRの基《もと》となっている目的と理念を理解しようとせず、段階《レベル》表示だけを大学入学共通テストにおける英語民間試験の対照表に使おうとしていますが、もっと広い視野で将来を見据え、「人を育てる」という視座から英語教育のありかたを再考してほしいものです。

注

10 杉本つとむ『長崎通詞ものがたり――ことばと文化の翻訳者』創拓社、一九九〇年、五〇頁

11 玉井健・渡辺敦子・浅岡千利世『リフレクティブ・プラクティス入門』ひつじ書房、二〇一九年

12 鳥飼玖美子『歴史をかえた誤訳』新潮文庫、二〇〇四年

13 「耳で読む文学」第一二弾「日本の短い文学を探る」二〇一九年九月二八日（土）府中の森芸術劇場ふるさとホール

14 Ong, W.J., *Orality and literacy*, Methuen Young, 1982.（ウォルター・J・オング『声の文化と文字の文化』藤原書店、一九九一年）

15 山村暮鳥（一八八四〔明治一七〕―一九二四〔大正一三〕年）の詩。

第5章
演繹的思考と帰納的思考

苅谷剛彦

†演繹的思考

第4章で鳥飼さんは、第3章をふまえ、ことばの学習における理論と実践という問題を提起しています。このふたつを対立するものとしてとらえるか、それともそこに何らかの「往還」（やり取り）を考えて話を進めるか。この点が、あとの議論にとって一つの鍵になるだろうと受けとめました。

このような関心から、この章では、私の考えを示したいと思います。それは、私が日頃、イギリスの大学で教えていることと関係します。演繹《えんえき》的な思考と帰納《きのう》的な思考の間をどのように行き来するか、というテーマです。ちょっと難しい言葉を使いましたが、演繹的思考というのは、抽象度の高い理論的な表現から、少しずつと具体的なことがらに論理的に推論をすることで具体化していく考え方を指します。たとえば、第2章で出てきた「認知的学習言語能力」と「基本的対人コミュニケーション能力」（日常の会話能力）から考えていくというやり方が、その一例になるはずです。つまり、これらのことば（概念）を、その抽象度を下げて具体例のレベルまで考えていくことが演繹的な思考と呼べるのです。

実際に私たちが知っている具体例をいくつかあげて、「認知的学習言語能力」という概念について演繹的に考えてみましょう。難しい言葉ですが、第2章で出てきた説明を繰返せば、「学校で勉強するには、日常会話の範囲を超えた学習言語能力が必要になる」という場合の、ことばの力です。たとえば、数学の微分・積分を学ぶときには、それらを理解する前提となる知識（たとえば「極限」といった、想像力を働かせて理解することがらなど）が必要になります。極限ということばだけでなく、極限値（限りなくゼロに近い数字など）というものを想像するという考え方自体が、この概念を習得するための能力（認知的学習言語能力）の一つと見なせるでしょう。

同じように、歴史を学ぶときにも、突然ある地域の、ある時代の出来事を、他と切り離して理解することはできません。それ以前の出来事や、その地域の地理的な特徴、あるいは他の地域との関係といった知識や、その知識を表現する用語を知っていなければ、ある一つの特定の歴史的な出来事について、学ぶことはできないのです。たとえば、日中戦争についての知識がなければ、アジア太平洋戦争については学べません。このような具体例は、認知的学習言語能力という概念を、その抽象度を下げながら理解していく方法（考え方）です。

少し横道にそれますが、私は英語で、この「認知的学習言語能力」に欠けている経験をしばしばしてきました。日中関係の歴史についての講演を聴いていたとき、Battle of Marco Polo Bridge という表現が出てきました。最初は何のことかわかりませんでした。やがて文脈が分かってくると、それが盧溝橋《ろこうきょう》事件のことだと気がつきました。日本の学校で日本語で学んだ歴史と、英語で学ぶ歴史との違いです。これなどは、どの国のどの言語で学校教育を受けたかによって、認知的学習言語能力に違いが出てくることの具体的な例です。他にも英語では、科学や数学についての話題についていけないことがあります。日本語でなら知っていることでも、英語でどのように言うのか、語彙だけに留まらず、表現方法を含めた知識が欠けているのです。

たとえば、このように、具体的な例を挙げながら考えていくと、「認知的学習言語能力」が日常会話に必要な「基本的対人コミュニケーション能力」とは異なることが、身近な例を通して理解できます。つまり、抽象的な概念から自分が理解できる具体例を間に挟みながら抽象度を下げてその概念の意味を考えていくことで、多様な、一見すると異なっているように見える現象を一くくりのものとしてとらえ、理解できる――たとえば、この

「認知的学習言語能力」という概念についての理解を得るのです。この演繹的思考を促すための簡単な疑問文は、「その概念が指し示す具体例は何ですか」です。具体例を挙げていくことで、抽象度を下げることができるし、その例の間に共通する部分が、この概念が言い当てようとしている中心のことがらであることも分かるのです。

†帰納的思考

これに対し、帰納的思考は、具体的なことがら（事実）をもとに、そこから一般化し、抽象度を上げていく推論の方法です。通常、理論化というのはこの方向での思考を意味します。さまざまな個別具体的な例をもとに、それらに共通する現象にことばを与えていく過程は概念化と呼ばれます。

社会科学の場合には、自分が集めたデータ（具体的な出来事を観察した結果）をもとに、それらを広くまとめて言い当てることのできる概念（一段階抽象度の高いことば）をつくりだし、その上で、概念間の関係を説明するための推論を行います。この場合の「説明」には、いくつかの一見異なる現象に共通性を見つけて、それらをくくることができる一般化による「概念」の提示（概念化）、ある現象が原因で他の現象を引き起こしているような「因果関係」の推論、さらには、現象を分類するための（対となる）複数の概念の設定（先ほどの言語能力の二つはこれにあたります）、また、さまざまなことがらの間の関係（分類や対比、上下や並行的な関係、時間的な推移にかかわる関係など）を記述することなどが含まれます。

この抽象度を上げる推論をする場合には、ある具体例が、何のケースか（より上位の概念に言い換えるとすればどんな言葉で言えるか）を考えるといいはずです。たとえば、記号で表すと、x_1、x_2、x_3……といった具体的なことがらは、それぞれX（という概念）のケースであるというように考えることで、x_1、x_2、x_3……からXという概念化・抽象化ができます。そしてそのようにして抽象度を高めた概念である、Y_1、Y_2、Y_3……の間の関係を、それらの抽象度を保ったまま記述するのが、「理論化」ということになります（観察された事実との関係がまだ確かでない場合には「仮説」と呼ばれます）。

このように帰納的思考による推論を使って、具体的な事実から一般化や抽象化をしていくのが、社会科学の実証研究になります。ですが、その抽象化の度合いによって、どこまで普遍性の高い理論に高めていくのか、それともある程度のあてはまり（それがどのような条件のもとであるかを示した上で）のレベルまで抽象化するのかで、社会科学でも考え方の違いがあります。かつて、アメリカの社会学者、ロバート・K・マートンが「中範囲の理論」（middle range theory）という言葉を使って、あまりに抽象化の度がすぎた当時のアメリカの社会学の理論傾向を批判しました。[16] 中範囲の理論の要諦は、(時間的、空間的に、あるいは特徴の上で) ある限定された対象に対し、そこから取り出された事実 (経験的に観察される社会的な出来事) をもとに、それらに共通する因果関係を説明しようとする点にあります。この限定という点が要点で、そこにあてはまる事柄をできるだけ事実から帰納しようとするのです。

このようなアプローチは、鳥飼さんが第4章で参考にした中村雄二郎さんの臨床の知とも関連しているように思います。とくにアリストテレスの「事例論」についての引用は、限定されたケースからどのようにそれらに共通する中範囲の理論を紡ぎ出せるかという議論に展開できるからです。ここでも、重要なのは、一挙に一般化可能な理論を作ろうとするのではなく、個別の実践事例から、どのように範囲を限定して帰納や演繹を行うかです。ここでもやはり、帰納と演繹との二つの往還が重要なのです。

†先行研究と帰納的思考

このような二つのタイプの推論は、社会科学の考え方としては基本中の基本です。ですから、私が学生に指導する場合にも、この基本を身につけることが出発点になります。その場合にまずすることは、先行研究を読んで、そこから過去の研究がどのような理論をつくりだしているかを学ぶことです。

先行研究を読むのは、たんに既存の知識を学ぶだけに留まりません。それ以上に重視しているのは、先行研究が明らかにしてきた、「事実の観察（事実に関するデータ）をもとに、そこで、どのような抽象化が行われているか」を学生が習得することに主眼を置きます。先行研究自体が、演繹的思考と帰納的思考を巧みに組み合わせた、学ぶべきお手本となるからです。

それらを学んだ上で、自分の研究に応用していく。そのときに、最初は先行する既存の理論から学んだ理論的な（一般化された抽象度のある程度高い）考え方を応用して、自分がどのように事実を観察するか、現実を観察するための枠組みをつくります。何でもかんでも観察するわけにはいかないからです。たとえば、「認知的学習言語能力」と「基本的対人コミュニケーション能力」という概念を使って、ことばの力をどのように育てる教育が可能か、という研究をしようとするような場合、この二つの概念が、どのようなことがらに着目して、事実を集め、それらの関係を見ていけばよいのかを指し示す手引きのような役割を果たします。このようにまずは見当をつけるために使われる、抽象的な思考の手引きを、分析枠組みと呼びます。そしてその枠組みに照らして観察し、そこで得られたデータをもとに、今度は帰納という推論をしていくのです。

ここでは詳しくは説明できませんが、実証的な研究にとって最も重要なのは、この、事実から出発し、それを抽象化し、理論化する、帰納的な思考です。そのことで既存の理論の書き換えや確認を行うということができるからです。もちろん、帰納的思考を有効に働かせるためには、演繹的な思考をしっかりと習得していなければなりません。分析枠組みを作るためには、一度抽象度を上げた思考（多くの場合、既存の理論からの演繹）が必要だからです。こうして、演繹的思考と帰納的思考の往還（行ったり来たり）が研究の基礎をなすのです。

†演繹と帰納の間を行ったり来たりする

私は、日本の大学でもイギリスの大学でも、学生の研究指導をするときの基本として、この二つの推論の仕方を徹底して教えます。もちろん、先行研究をそのような視点から読むことで、学生たちにまずは、研究者がこの二つの思考をどのように組み合わせて研究成果を出しているかを「追体験」してもらうことが最初になります。

追体験というのは、自分がその先行研究の当事者になったつもりになって、その論文なり研究がどのような手続きや思考を経て書かれたのかを想像しながら読んでみる、さらには、その後、自分がそこで学んだ演繹と帰納の行ったり来たりのやり取りを自分の研究に生かすつもりで読んでみる、ということです。こうした先行研究の読み方のポイントを伝えた上で、多くの優れた論文を読んでもらうのです。このような基礎的な「読む」という追体験による学習を基礎として、言い換えれば、学習言語能力にあたる基礎力を身につけさせた上で、自分の研究をどのように進めていけばよいのかを指導していくのです。学生自身の問題関心から始まって、それをどうすれば研究することができる問い（research questions）に転換していけるか。そこに演繹と帰納という二つの思考の往還がどのように役立つのかを、個別のテーマ（学生の問題関心）を通じて学生と議論していくのです。

日本の大学に勤めていたときにも、同じようなことを心がけて、学生を指導していました。その時には日本語で指導し、読む文献も、外国語から日本語に翻訳されたものを含め、日本語が多数でした。イギリスの大学に移ってからは、当然ながら指導は英語で、読む文献も英語になりました。

この二つの経験を通じて感じたことは、日本の学生が、海外の有名な研究者の理論（そのほとんどは日本語に翻訳された文献に依拠していました）に言及する際に現れます。そこから徹底した演繹的な思考をするのではなく、何かありがたい、権威づけられた知識としてその理論を学んでしまうのです。

学生によっては、わかったつもりになって、それを自分の研究に（私から見れば）無批判に応用しようとする場合もありました。翻訳という一つのプロセスが入り込むことで、外国産の理論が何かとてもありがたいものに思えてしまう――別の言い方をすれば、その研究者と同じ地平に立つこともなく、教師と生徒のように教え・学ぶ関係になりがちなのです。そうなると、抽象的な概念や理論を、十分に現実レベルまで抽象度を下げて理解するのではなく、中途半端にわかったつもりになってしまいます。権威づけられた中途半端な演繹的な理解では、徹底した帰納との組み合わせが起こりにくいのです。そのような場合に、よく私は学生にその理論や理論を構成する概念を、別の言葉を使って言い換えてみたらどうか、というように投げかけていました。

同じようなことは、私たちが何気なく使っている抽象的な日本語にもあてはまります。教育の議論でいえば、「個性」とか「主体性」とか、「グローバル人材」とか、数え上げればきりがありません。最近の流行語では「アクティブ・ラーニング」などその典型です。専門家を含めて、中途半端にわかったつもりで、徹底した演繹や帰納的な思考を欠いたことばの使用がまかり通ってしまうのです。残念ながら日本では、学生ばかりか大学の研究者の間でさえ、このような中途半端な、外来の理論の信仰（その権威を借りて分かったつもりになる輸入学問）がまだ残っています。

私が教えているイギリスの大学では、もちろん有名な研究者や理論家の研究には敬意が払われますが、日本での理解に比べると、もう少しそうした研究者たちと地続きでいられる感じが残ります。最初に考えを深めたり広げたりする手助けにはなりますが、それをそのままわかったつもりで使うかというと、もうすこし徹底した演繹が行われたり、現実からの帰納が行われたりするのです。学生たちがそのことに気をつけながら概念や理論を使うことに私は注意を向けます。かつて日本人学生相手にやっていた、言い換えのような方法も使います。ですが、日本の学生と比べると、有名な学者の理論へのありがた感は少ない印象です。

これが単なる言語の違いなのか、それとも、研究者養成の仕組みや文化の違いに関係するのかは、この章の課題を超えます。ただ、本書の議論に引きつけると、理論と実践の往還という課題に対して、理論的な思考が実践への手引きとして失敗するのも、実践からの理論化がうまくいかないのも、この演繹と帰納をどれだけ意識して、その往還をしているか、こういう演繹と帰納という頭の働かせ方に普段から注意を払う思考力が育っているか、あるいは理論と実践との往還についての優れた先行例があるのか、によると思います。さらにはるとすればそれをどのように学んでいけばよいのか、という問題とも関係しているでしょう。

†比喩による理解と帰納

研究者養成の場合には、優れた先行例から学んで、その追体験を通して身につけた思考力で自分の研究をしていけばよい（けっして簡単なことではありませんが）のでしょう。それに対して、教育実践の場合には、優れた先行例が、たとえば大村実践のように具体的な形での記録が残されているにしても、そこでの記録から帰納して理論化していくことは容易ではないでしょう。その記録に表現されない微妙なニュアンスの違いが重要になるからです。

たとえば個別具体的な、ある特定の生徒が、教室で何を考えているか、何がわかって何がわからないか、何に関心を持っているか、それらを教師がどの程度理解していたかなど、実践記録には詳述できないことがらが、その実践の有効性を決めたりするからです。とくに大村はまというすぐれた実践者が、その時々に、それぞれの場面で何を考え、何をしようとしたか。何をしたかの記録は残っても、その行為に至る過程を大村自身の立場に立って追体験することは、それほど簡単なことではありません。ましてや、想像力を通じた追体験的な理解をもとに、現代の教師が自分の教育実践にそれをどのように生かしていくかを試みようとすると、何らかのズレや誤解といったものも生じてしまいます。

そのズレが大きいと感じるから、第1章や第3章では、大村実践を実際に自分で学んだ経験をもとに、比喩を使って、その実践の意図の核心部分を伝えようという「語り部」的なアプローチが取られたのでしょう。直接理論化した言葉にできないところを、他の言葉（比喩）に置き換えることでなんとかズレを埋めようという試みです。

このような比喩による理解は、この章で論じてきた、演繹や帰納とどのような関係にあるのか、もう少しだけ考えてみたいと思います。比喩にしても理論化にしても、どのような思考をもとに、どのような「言い換え」を行うことが、核心部分を失うことなく、他者の理解や行動を促すのか。言い換えることで分かること、分かったつもりになること（最近のカタカナ語の氾濫は後者でしょう）、その分かれ目は何か。比喩にしても理論化にしても、具体化にしても、言い換えという方法にどのような思考や論理が入り込んでいるのか（抽象化、具体化、例示を含め）。さまざまな言い換えによるレトリックの魔法に敏感になること自体が、ことばの力の一つでもあるでしょう。

このような比喩による理解を含め、優れた実践の中心的な部分を捉え伝える方法が、完璧なものにならなくても、優れた実践から帰納的な思考を通じて、そこに共通する「何か」を発見、理解し、それに別のことばを与えていくことはできるのかもしれません。他の実践家が「理論化」した教授法や学習に関する一般的な法則をつくりだしたり、それを広めたりする運動とはひと味違うものが、大村実践を手がかりにしてできるのか。大村以外でも、（英語教育を含め）ことばの力を育てるための優れた実践について、その実践をめぐる知識の伝達が教授者間でできるのか。それ自体を見てまねる方法しかないのか。普遍性の高い理論化はできなくても、中村雄二郎が指摘した「臨床の知」のように、複数の事例から「論理的にきれいに扱い得る論議ではなくて、多くの不確かな要因から成る個別的な諸問題について、それらにどう対処し、それをどう考えたらいいのかを教えるもの」を取り出すことは可能でしょう。大村の「語り部」の言葉から、何を取り出して、ここでいう対処の仕方、どう考えたらよいのかを探っていく。実践という事例をもとに、地道に中範囲の理論化を目指すという可能性は残されていると思います。

また、どのような限定をつけるかを考えること自体、優れた実践の核心は何か、それはいかにして可能かを考える手がかりを与えてくれるはずです。そこでも、他の実践との比較や対比のような方法が有効になるのかもしれません。

あるいは、個別の教育実践についての帰納や演繹が難しい場合には、すこし角度を変えて、優れた実践が可能になる条件（組織、制度の仕組みなど）がどうなっているかという、一歩、場を広げて現象を見るというのも一つの可能性だと思います。佐藤学さんの「学びの共同体」の考え方などは、そのような広がりをもった場に注目した教育研究の一例と言えます。個別の授業実践だけに焦点を当てるのではなく、よい授業を生み出すための学校や地域といった広がりをもった場や組織に注目することで、教育にかかわる人びとの共同＝協働がどのようにつくられるか、それが優れた授業実践にどのように結びつくかという、「条件」や環境にアプローチしようとする試みです。これは中範囲の理論を目指すための「限定」を意図的に行うことに通じます。このような場合にも、徹底した演繹と帰納による分析は可能でしょう。

それは英語教育にもあてはまるでしょう。

†中間地帯とOS

ただし現状での英語教育では、こうした演繹と帰納が難しいという印象を受けます。それというのも、今の英語教育改革の目的自体がとても矮小化されているからです。「認知的学習言語能力」と「基本的対人コミュニケーション能力」（日常の会話能力）との区別もあいまいなまま、あるいは「外国語としての英語」と「第二言語としての英語」の違いも十分に考慮しないまま、4技能のうちでもとくにオーラルな技能が優先される今の状況は、鳥飼さんが憂慮するように、中途半端なものとして終わりそうです。

ホテルの予約や道案内くらいの会話力ができることと、もっと複雑なことがらについて英語で説明したり、自分の意見を相手にわかるように伝えるための力とはまったく違うものです。後者の場合には、そもそも英語で考えていないとできません。しかも、そのレベルにまで学校教育を通じて生徒たちに英語力をつけさせるとなると、議論を成立させるための（何語によるのであれ）高度な思考力をもった教師でなければ教えられません。その場合も、自分の体験自体を具体例としてそこから帰納的に英語力の習得について反省（reflection）できる能力は必要でしょう。その能力の一つが、演繹的思考と帰納的思考を行ったり来たりしながら使いこなす思考力（反省能力≒メタ認知）になるのです。

私の場合、最初にそのような力を身につけたのはやはり母語である日本語でした。その日本語の「認知的学習言語能力」をもとに、アメリカ留学時代に、演繹と帰納を英語でたたき込まれたことで、日本語か英語かといった、どちらかを選ぶ必要がない、中間地帯としてそのような知的な能力を身につけることができました。またその能力を自分だけのものにするのでなく、学生に教えるためにはどうすればよいのかを、言語化し、いろいろな場面で多様な学生たちに応用していきました。それも最初は、日本の大学で日本語でやりました。そのような教える経験を通じて、言語に依存しない（その意味では日本語でも英語でもできる）中間地帯とも言える、考えるためのスキルを、英語、日本語といった言語の違いを超えて自分なりに習得し磨き上げていったのだと思います。

さらには、どちらかの言語に依存しない中間地帯となりうる思考力をどうすれば学生たちが身につけられるのかを、教えるという行為を通して経験することで、自分のなかでも、それがどんなスキルなのかが、より明瞭にわかるようになりました。ですから、オックスフォードで教え始めたときにも、英語自体には最初再び慣れるのに少し時間はかかりましたが、指導のやり方自体は、日本でやってきたこととそれほど変えなくても大丈夫だと感じ、自信を持ちました。さらに英語で教え始めたことで、この中間地帯の思考力・理解力は一段と鍛えられたと思います。母語ではない言語で、大学院レベルの抽象的で複雑な議論を、その時の学生のテーマや理解力に応じて、研究可能な表現にまで連れて行くというのが、今の私の仕事です。そうした教える経験を通じて、多様な学生のニーズに対応できる引き出しの数が増えていったことは間違いありません。

それが何語で蓄積されているのか、わかりません。その場では英語で考えているので、たぶん、日本語ではなさそうです。ただ英語か、と問われるとそうでもないと思います。何か事実の記憶のような知識の塊ではなく、その都度に使い勝手のよい形で取り出せる汎用性の高い道具のような感じなのです。ことばの力に依存していることは間違いないし、それを鍛える上で、日本語や英語でのインプットやアウトプットがあったことも間違いありません。しかし、そうしたやり取りで鍛えられたのは、思考力そのもので、それを何語でアウトプットするかに応じて、日本語になったり、英語になったりするのだと思います。

OSというたとえが前の章で出てきました。私の場合、最初のそれは日本語で鍛えられました。母語だったからです。大学までの教育も日本語で受けました。しかし、その後、英語でもこのOSの能力を高める訓練を受けました。アメリカでの大学院の教育です。その結果、それは日本語か英語かを選ばず、日本語でも英語でも、複雑なことがらを読み取り、考え、話し、書くことができる、ことばの力になりました。その両言語をまたがる中間地帯に、OSができたのです。それがどのアプリにのってアウトプットとなるか、そのアプリの言語が、日本語だったり英語だったりするのです。

また、このOSの機能が上がったことで、日本にいたときとは違う問題関心で、さまざまな現象を違う角度から見ることができるようになったと自分では思っています。これは、たんなる比較の視点の利点ということを超えて、二つの言語共同体の重なり合うところで、いろいろなものを読んだり、議論したり、自分で考えたりすることで得られた、私なりの視点の高みや広がりだと思います。二重言語生活者の境界性が、そのどちらか一方だけに浸かっている人たちとは違う見方を与えるのです。

そこには、英語と日本語の両方を使うことで強められたことばの力が働いています。どちらか一方の言語だけでは十分納得して表現できない、あるいは腑に落ちない現象に出会うことに、より自覚的になったからでしょう。その具体例は、私の近著『追いついた近代 消えた近代』（岩波書店、二〇一九年）に現れています。

†「書く」のが一番難しい

ただし、気をつけなければならないのは、これらはみな、私の英語力ではまだオーラルなレベルでの経験に留まるということです。あるいは日本語で書く場合にならら十分にあてはまるということです。英語で「書く」となると、それとはまったく違った頭の働きをしなければなりません。日本語でもそうですが、書くことが一番難しいのです。それは、時間をかけて行きつ戻りつする、熟考というレベルにまで高められた思考そのものの表現になるからです。しかも、その表現力によって、伝わり方が全然違います。そのレベルの英語を書く能力については、私の場合、まだどうしても日本語という母語でのOSを使って最初に考えた方が深まります。一旦日本語のOSで、ある高みや広がりまで考え、見通しのついたところで、その日本語を忘れて、今後は英語で考え、英語で書いてみるのです。翻訳するのではありません。中間地帯に一度日本語で高めた思考を残しておいて、それを今度は英語で再度考え始めるのです。

実はイギリスに来たての頃は、最初からすべて英語で論文を書いていました。しかし、しばらくして気がついたのは、最初から英語で書くと、私の場合、日本語で書いてきた経験に照らすとどうしても論理の詰めに甘さがでたり、他の考え方もあったのではないか、そこまで徹底して考えたのか、という中途半端な感覚を拭いきれなかったのです。書こうとする内容も複雑ですし、オリジナリティのあるものを書きたい。要求される水準が高いからなのかもしれませんが、母語のOSでの思考と比べると、まだまだ、第二言語の限界を痛感します。自分自身の日本語で書く能力と比べると雲泥の差です。その差を埋めるためには、依然母語のOSに頼らざるを得ないのです。

このような私自身の経験から顧みると、オーラルな英語の技能だけ高めても、書く能力は高まりません。少なくとも、観光旅行や道案内で会話ができるレベルを超えて、仕事で使うための能力は、深い思考力（OS）を必要とします。それを鍛えるのが書くという行為です。オーラルな技能の訓練だけでは到達できないレベルのことばの力といってよいでしょう。これは英語だけの問題ではなく、母語である日本語にもあてはまります。したがって、前述した追体験的読書と同じように、思考力を鍛えるための「読み」方を身につけることが、そこに至る道なのです。この問題についてはまた第10章で論じたいと思います。

注

16　ロバート・K・マートン『社会理論と社会構造』森東吾・森好夫・金沢実・中島竜太郎訳、みすず書房、一九六一年

第6章　英語と国語の連携

鳥飼玖美子

†「演繹的思考」と「帰納的思考」

「理論と実践」の問題から「演繹的思考と帰納的思考」へと議論が発展したことで、「抽象的な概念の言語化」について、改めて考えさせられました。言語教育に携わる人間にとっては当然の使命であり最も重要な課題のはずですが、概念にことばを与える過程という視点から演繹的思考と帰納的思考を考えることは、どれほどなされているのでしょうか。

第5章で「アクティブ・ラーニング」など最近の例が登場しましたが、英語教育においてもたとえば「コミュニケーション」など、新たな概念を批判的に吟味することなく安易に言語化する傾向が増えているように思われます。

苅谷剛彦さんは、政府主導の教育改革が迷走している背景に、明治以来続いている演繹的思考がある、と指摘されています（『日本経済新聞』二〇一九年四月一日）。教育改革に関する政策文書と学校現場との乖離は、権力の上下関係だけに起因するものではなさそうです。思考の過程そのものが上からの改革であること、それゆえに抽象的なことばの羅列で現状認識を欠くことになりがちです。未来志向は一見前向きで反対しにくいのですが、印象論が政策になると具体性が欠如した非現実的な目標となり現場が混乱する、という構図は昨今の大学入試改革や英語教育改革に顕著です。

そのような演繹的思考に基づく改革の根っこにあるのは、「先進する外来の制度と理念を抽象的に理解し、その翻訳と解釈を通じて日本に適用してきた」ことに由来するとの分析は、明治時代の翻訳主義と照らし合わせると興味深いものがあります。近代化を急務とした明治政府は、広汎な分野における大量の欧米諸国の文献を入手し片っ端から日本語に翻訳しました。翻訳された欧米の参考文献を批判することなく「ありがたいもの」として受容する日本の学生の姿が第5章で紹介されていますが、近代化を目標に欧米から学ぼうとした欧化主義と翻訳主義（の残滓）が、若い世代の日本人に受け継がれているのでしょうか。

さて、「演繹的思考」と「帰納的思考」について、私自身を振り返ってみると、もちろん言葉は知っていますが、その意味をきちんと学校で教わった記憶がないのです。高校時代に何かの授業で触れられたのかもしれませんが、いつ頃、誰から教えられて知ったのかも定かではありません。

　具体的なところから入り、一つひとつの言葉を大切にしながら考え、少しずつ抽象度を上げていく帰納的思考を大村はまは実践していたように思いますが、このような思考方法を大村はいつどこで学んだのでしょうか。これを国語教育に取り入れることを、いったい誰から学んだのだろうと興味が湧きます。

†概念の言語化

　具体的な事実をもとに抽象度を上げ、「共通する現象にことばを与えていく概念化」については、私自身が英国の大学で博士論文に取り組んだ時に苦労しました。それ以前に米国の大学院で修士号を取得した際は、英語教授法についてのプロジェクト研究を提出すればよかったので、研究方法論を学んでいなかったからでしょうが、初めて試行錯誤してみたことは、日本の大学院で院生を指導する際に非常に役立ちました。

　まず、私がなぜ博士論文を書こうと思ったのかを説明する必要があるかもしれません。

私は大学職に転じて以来、通訳現場からは完全に離れましたが、教員になって一〇年目くらいから通訳翻訳についての研究を始めました。やがて、日本の通訳者についての社会文化史的な研究が殆どないことを知り、それなら自分で取り組んでみようと思い立ち、英語で博士論文を書けば海外の研究者にも読んでもらえると考えたわけです。

研究の目的は、「第二次大戦後の日本という社会文化的コンテクストにおける通訳者の役割」を探ることでした。研究対象は、戦後の日本外交で活躍した通訳者です。たまたま知ったオーラル・ヒストリー研究法について独学で学び、戦前の日本や米国で育った人たちが、なぜ同時通訳者になり、どのような思いで戦後の日米外交を支えたのかを、一人一人へのライフヒストリー・インタビューを通して解明することを目指しました。インタビューは、日本における同時通訳のパイオニアとして知られる五名（西山千、相馬雪香、國弘正雄、村松増美、小松達也）に対して実施しました。録音した語りを書き起こしてデータとしたことで、五つの具体例が集まったわけです。しかし、それをどのような枠組みで分析し、概念化するのか。

英国人の指導教授は、フランス思想、言語教育、異文化コミュニケーションが専門で、欧州評議会の言語委員会事務局長をしていたことから日本の通訳者について関心を持っていましたが、テーマも決まっておりデータもあるので、あとは論文を執筆すれば良いだけだと、ほとんど私に任せきりでした。

そこで、とりあえず五名の語りを順番に並べて論文を書き始めたのですが、指導教授は一読して、「うーん、順番に並べるより、バラバラにしてみた方が面白いのではないでしょうか」と丁寧な口調でのアドバイスでした。バラバラにするということは、何らかの枠組みで分類するということだろうとは察しましたが、具体的なことは何も言ってくれません。研究者なら自分で考えるのが当然だからです。

しかし当時は、通訳研究にオーラル・ヒストリー手法を持ち込んだ先行研究はありませんでした。読むべき参考文献さえ教えてくれない指導教授を恨めしく思いましたが、仕方ありません。あれこれ手当たり次第に読んでいるうちに、フランスの社会学者ブルデュー（Pierre Bourdieu）の「ハビトゥス」（habitus）「フィールド」（field）「実践」（practice）という概念にたどり着きました。これなら分類に使えそうです。

パイオニア同時通訳者たちを、「生い立ちを含めた歴史的・社会的環境」「なぜ、どのようにして通訳というフィールドに出て行ったのか」「それぞれの通訳実践がどのようなものであったか」という三つの枠組みで分析してみました。同じ通訳者でありながら、実践のありようはむろんのこと、役割観、規範意識などについて五名の違いの大きさに驚きましたが、全員が「ことばをつなぐ」だけでなく、「異なる文化をつなぐ」という意識を強く持っている「コミュニケーションの仲介者」である、という共通項が浮かび上がりました。具体的な事例から、「ことば、文化、コミュニケーションの仲介」という概念が抽出されたことになります。

ただし、五名というわずかな人数のオーラル・ヒストリーでは、「代表性の問題」(その五名が日本の通訳者を代表していると言えるのか?)、「信頼性の問題」(他の研究においても同様の結果が得られるか?)、「真実性の問題」(研究対象者が真実を語っていると証明できるのか?)など、オーラル・ヒストリー固有の問題があり、一般化できるまでの普遍性はありません。しかしオーラル・ヒストリーの意義は「一般化」にあるのではなく、「これまで聞かれることのなかった個人の声を聞く」ことにあります。「特殊で並外れた存在」こそ語られなければならないと考えれば、強烈な個性を持った稀有な同時通訳者たちの生きざまと通訳への思いは、記録に残して後世へ伝えるに値します。

もしかすると、同じことが大村はまについても言えるかもしれません。大村の実践を理論化することの難しさが第3章でも第5章でも語られました。理論化すなわち普遍化すれば、大村教室が一般に広がると私は考えていたわけですが、確かに、抽象化のプロセスの中でこぼれ落ちてしまう要素も多々あるでしょうし、そこを無理すると、大村の思いが歪められて伝わる恐れもあります。ならば、大村はまは、「並外れた存在」として、その実践を語り部が丁寧に言語化して伝えていく、というやり方が妥当なように思い始めました。

†歴史的視点の必要性

第5章では、歴史を学ぶことについても言及されていました。歴史を、点ではなく、縦のつながり、横のつながりの中に布置して見る必要性は、ことばや教育を考える場合も同じです。通訳者のオーラル・ヒストリー研究でも、そのことを痛切に感じました。

太平洋戦争中の日本では、鬼畜英米《きちくえいべい》（後に鬼畜米英）が合言葉で、英語は「敵性語」としてご法度だったというのが通説で、私自身もそう思い込んでいました。ところがライフヒストリー・インタビューで、二人から期せずして、「戦争中の英語教育」についての話が出たのです。國弘正雄さんは検定教科書でロンドンについての章を読んで、「ロンドンってところに行ってみてぇ」と思ったと語り、村松増美さんは、英語の時間にシェイクスピアを読んで未だに覚えていると、マクベスの一節を朗々と暗唱してくれました。調べたところ、当時の日本政府は一般に対しては敵愾心《てきがいしん》を煽りながら、旧制中学などの学校教育では戦後に備えて英語教育に力を入れていたことが判明しました。江田島の海軍兵学校では英語で英語の授業をしていたくらいですので、隠れてやっていたというよりは、堂々としたダブル・スタンダードだったようです。

さらに言えば、同時通訳など聞いたことも見たこともない人たちが同時通訳者になった背景には、敗戦後の日本を復興させようと各界の指導者層をアメリカへ招き、ありとあらゆる産業を視察させた米政府の方針があります。全米を回った視察団には日本語―英語間の通訳者が必要でしたので、国務省が人材を選抜して訓練したのです。視察先の一つがデトロイトでした。後に日本がアメリカの自動車を凌駕することになるとは想像もしなかった米国自動車業界は生産工場の全てを見せ、日本からの視察団は村松増美さんの通訳を聞きながら熱心にメモを取った様子が、*The Reckoning*（David Halberstam, 1986）という小説に登場します。

　歴史的視点が必要なのは、国語教育と英語教育の連携についても言えます。修士課程時代から両教科の連携に関心を寄せ研究した大学院生が、個々の実践を記述することから「帰納的に、多くの事例に適用可能な原理・原則を導き出す」（柾木《まさき》貴之、二〇一八年）ことを目指し、目的論と方法論の枠組みについて考え続けた末、歴史的な視点から始めることにしました。その成果は「国語教育と英語教育の連携――その歴史、目的、方法、実践」（二〇一八年東京大学大学院教育学研究科に提出）と題された博士論文としてまとめられました。

†国語と英語の連携を歴史に見る

柾木の博士論文では、国語教育と英語教育は歴史的に「乖離」が特徴ではあるものの、「連携」に関する提言は明治期から絶えることなくあった、としています。ただし、明治期においては「連携」ではなく、「連絡」という用語を使っていたようです。たとえば英語教育で中心的存在であった岡倉由三郎《よしさぶろう》は、外国語教授法の欠点は国語、漢文との「連絡」がないことだ、と指摘しています（『外国語教授新論』一八九四年）。

一九六〇〜七〇年代になると、「言語教育」という概念が登場し、一九八〇〜二〇〇〇年代には「共通の基盤の模索」が始まり、「メタ言語能力」「言語技術」「共通基底能力」「コミュニケーション能力」の四点に集約されています。

実践が始まったのは二〇〇〇年代からになります。これまで高校段階で連携を試みたのは八校と事例はまだ少ないのですが、連携の共通目標として「メタ言語能力」「論理的思考力・表現力」の育成が挙げられ、今後の可能性として「コミュニケーション能力」が提案されています。

「連携」が政策として謳われたのは新しい学習指導要領です。国語科で「「国語」指導に当たっては、外国語活動及び外国語科における指導との関連を図り、相互に指導の効果を高めることが考えられる」とあり、英語の学習指導要領でも国語科との「関連の重要性」が述べられています。国語と英語の連携について文科省は委員会を設けて議論をしており、最終的には短い一言しか入っていませんが、担当者の強い思いが伝わってきます。

†英語の論理構成で書く

国語と英語の連携を試みた昭和女子大学附属昭和高等学校[17]では、二〇〇五年から二〇〇七年の三年間にわたり文部科学省から「国語力向上モデル事業」の研究指定を受け、「論理的思考力や表現力を高める指導と評価の工夫」と題した研究課題の中で、「英語科との連携」を取り入れました。そして、国語力と英語力を包括的な「言葉の力」と捉え、「論理的思考力・表現力」の育成を目標に、「欧米型の論理の枠組み」に着目しました。具体的には、「英語のパラグラフ・リーディング、パラグラフ・ライティング」における論理展開を英語科だけでなく国語科でも試みたのです。

英語の「パラグラフ・リーディング」「パラグラフ・ライティング」は、英語の論理構成で文章を読み、書くにあたって必須の知識です。通常のレポートや論文などは、まず「導入パラグラフ」があり、ここで全体のテーマを提示します。次に続く主要部となるパラグラフに共通しているのは、最初の方にあるセンテンスが「トピック・センテンス」

（主題文）と呼ばれ、ここにそのパラグラフの内容が凝縮されて書かれていることです。後に続く裏付けとなる記述では、主張を支える理由や根拠などが説明されます。最後が「結論」で、簡潔にパラグラフをまとめます。全体としての構成もパラグラフ内の構成と同じで、最後が結論パラグラフとなります。センテンス間の結束性、パラグラフ間のつながりや内容の一貫性に留意しながら論理を構成していくのが、英語での「読む」「書く」で、これは「話す」ことにもつながります。

あるアメリカ人教員が日本の大学院で院生たちに対し、この「パラグラフ構成」について次のように説明しました。

「最初のセンテンスで、自分がこれから何を述べるか、予告する。
次の幾つかのセンテンスで、予告したことを説明する。
最後のセンテンスでは、自分が何を語ったかをまとめる」

このようなパラグラフの論理展開には、第5章でも紹介された、「因果関係」（cause and effect）、「比較や対照」（comparison and contrast）、「分類」（classification ）、「時系列的順序」（chronological order）などの記述方法があります。

これを国語教育に導入して、論理的読解・表現を学ばせた高校があったというのは、今後への参考になり得るのではないでしょうか。

†論理構成の違い

「書くこと」の難しさは、第5章で剛彦さんがご自身の体験に基づいて述べられました。母語である日本語で熟考してから英語で書いた方が、思考が深まる、という省察は頷けます。一人の人間にとって、どの言語が母語かは単純には決められないのですが、通常の場合、外国語では、母語以上に深い思考はできません。

もっとも英語で博士論文を執筆した際に、私はそこまで意識して、英語で書く前に日本語で考えをまとめることをしなかったように記憶しています。ただ、後から英訳したにせよ、通訳者たちの語りはもともと日本語だったので、母語から切り離された感がないまま英語で文章を書いた可能性はあります。

ところが、その論文を日本語で書籍化した際に、英語と日本語の溝を痛感しました。自分で書いた英文なのに、それを日本語訳してみると、何だか自分の文章ではないような気がして落ち着かないのです。英語から生み出された日本語の文章と、自分の思考との間に、薄い何かが挟まっていて隔靴《かくか》搔痒《そうよう》の思いになる、と言ったらよいでしょうか。結果として私は、博士論文を英語から日本語へ翻訳するのはやめ、日本語の本として書き上げることにしました。ついでに付け加えれば、その博士論文を海外の出版社から刊行することになった際、編集者から「論文調から脱して、一般読者が理解できるように書き直して欲しい」と注文をつけられ、自分の英語を簡明な英語に書き直すという経験もしました。

それ以降、英語での論文をいくつか書いていますが、全て最初から英語で考えて書くようにしているのは、日本語で考えてしまうと英語の論理構成にならず、後からでは修正に時間がかかるからです。

日本で英語のスピーチ・コンテストの審査をすると、多くのスピーチが、論理構成の問題を抱えているのに気づきます。入念に準備されているので決勝大会まで勝ち残った出場者は、文法の誤りはなく発音も申し分ないのですが、どうやら最初に日本語で原稿を書き、それを英語に訳したものを先生に見てもらう、という手順を踏んでいるようです。したがって、スピーチは日本語的な構成のままなので、最初に主張の概要と自分の立ち位置を明確にすることは稀です。結果として、聞いている英語話者は、そのスピーチがいったい何を目指しているのか見当がつかず、まるで暗闇の中をどこかへ連れて行かれるような気持ちになります。日本で英語を学んだ高校生の場合は仕方ないと思いつつ、できたら英語の論理構成を踏まえてスピーチ原稿を書いて欲しいと思います。それは将来、英語で書いたり話したりする際に必ず必要になるからです。

この話をしたところ、ある新聞社から「日本語の原稿を英語の論理構成で書いてみて欲しい」と依頼されたことがあります。鳩山由紀夫・元総理大臣の英語スピーチが日本語的で最後になるまで主張が分からず、英語的論理構成になっていない点を批判的に検討した一文でした。要望に従って英語の論理構成を念頭に書いたのですが、日本語として読むと何とも情緒に欠ける冷たい感じの文章になってしまい、一つの言語の論理構成を別の言語に持ち込むことの難しさを思い知りました。ことばは誠にままなりません。それでも、インターネットやソーシャル・メディアの時代には、「肝心なことを最初に提示する」英語的論理構成の方が伝わりやすいのは確かですので、国語教育と英語教育の双方で試行錯誤をする価値はあると考えています。

†言語力を重視する学習指導要領

二〇二〇年から順次施行となる新しい学習指導要領では、教科としての英語が小学校で始まるだけでなく、「教科等を越えたすべての学習の基盤として育まれ活用される資質・能力として」教科横断的に「言語力」育成が求められ、国語科は「言語力育成の中核を担う教科」とされています。さらには、国語科と外国語科（英語）との「関連を図り、相互に指導の効果を高める」ことが提案されています。これは今後一〇年間の公教育の指針となるものです。

小学校での英語教育に一貫して反対してきた私は、二〇〇二年に大津由紀雄さんと共著で『小学校でなぜ英語？——学校英語教育を考える』（岩波ブックレット）を刊行していますが、教科としての英語が小学校で始まることが決定してから、やむをえず、不安を抱いている保護者へ向けて二〇一八年に、『子どもの英語にどう向き合うか』（NHK出版新書）を上梓し、次のように語りかけました。

「すべての子どもは生まれながらに言語への鋭い感性に恵まれているのですが、周囲が寄ってたかってダメにしていることはないでしょうか。母語の重みを認識すること、そして言語とは一生を通して学ぶことであるのを理解すれば、英語学習について焦る必要はないことが分かります」
「外国語は生涯にわたり学ぶべき価値のあるものです。学びによって世界が広がり人生が豊かになるからです、だからこそ、母語以外の異質な言語を自律的に自分自身が努力して学ぶことに意味があるのです」

大津由紀雄さんは、悩んでいる先生たちに向け『日本語からはじめる小学校英語――ことばの力を育むためのマニュアル』(開拓社)を二〇一九年に出版しました。「はじめに」で大津さんは、こう述べています。

「子どもたちには、まず、ことばは人間だけに与えられた宝物であることを認識して欲しい。その上で、その力を十分に発揮すべく、直感が利く母語について、その仕組みと働きについての理解を深めて欲しい。つぎに、その理解をもとに母語以外の言語(外国語)について学んで欲しい。外国語に対する理解はことばの楽しさ、豊かさ、怖さを改めて感じるきっかけとなると同時に、母語の理解をより深め、母語の効果的な運用を可能にする」

教科を横断して育成される「言語力」とは何か。「母語としての日本語」と「外国語としての英語」の関係を多角的に検討し、学習者にとって何が本質的な「ことばの学び」になるかを探求することこそ、小学生が英語を学ぶ意義ではないでしょうか。「ことばへの気づき」や「メタ言語能力」を足がかりとして、「批判的思考力」すなわち「考える力」をどのように育成するか。母語と外国語の双方の視点から「言語コミュニケーション」についての再考も欠かせません。加えて「ことばの学び」を支える「自律性」涵養も、国語教育・英語教育ともに課題とするべきことでしょう。

注

17　柾木、二〇一八年、一二二―一二三頁

第三部

ことばの教育の未来

第7章　言語能力を鍛えるために

苅谷夏子

†抽象語の罠

　概念を表す抽象的な言葉を扱うことが、苦手であること。これはどの言語を用いるどの国の人にとっても、同じことかもしれません。その上、第5章、第6章で言及されているように、明治維新を中心に一気に増えた近代の翻訳語が、いかにも新しい、先進的な、ありがたいものとして特別な位置を与えられたことは、やはり日本人の言語に大きな影響を与え続けているように思います。その事情をもう少し解きほぐしてみます。

　抽象的なことばを前にすると、思考や判断の停止が起きやすい。正しそうで権威あることばであればあるほど、その正しさを、自分の熟知している具体ときっちり照らし合わせることを怠るわけです。安心し油断して、その言葉を生煮えのまま呑み込んでしまいます。そして、その「正しい」理論や概念を自分の具体に下ろして何事か実践しようという時がくると、「正しさ」こそが更なる安心や油断を生みます。具体化が確かに意味のあるものとなっているか、という検討が甘くなる。概念語の空転が起きるわけです。歯車がきちんと噛み合わないまま、不確かな震動だけが伝わる、というような状態です。

こうしたことを避ける方法の一つとして、大村はまは「普段着のことば」（大村自身は「やさしいことば」という言い方をしています）を大事にさせたわけです。抽象度の高い議論、複雑で難解なことでも、やさしい、ちゃんと身についたことばを介在させて、なんとか理解しようとし、表現し伝え合えるように、と願ったのは、偉そうな顔をしたことばに呑み込まれないためでもあります。偉そうな抽象語が空疎に使われている時には、その空疎さに気づけるという力も育ちます。これは話し言葉についても、書き言葉についても同じです。「難しげ」な抽象語が人の脳を空回りさせること、わかったようなわからないような、半端な状態に陥らせることを、大村は中学生を教えながらいやというほど見続けていました。その空転に気づかせることが、ことばの精度を上げるための第一の入り口になっていたと思います。「やさしいことば」で言えないことは、本当にはわかっていないことなのかもしれません。

ちなみに、私は比喩を多用していることは自覚がありますが、それも、抽象語がもたらす無自覚の思考停止（早すぎる納得と受容）を破ろうと、小さい爆弾を投げ込んでいるような気持ちなのです（とうとう爆弾まで投げました！）。そして、元をたどれば、大村はまず自身が比喩を巧みに用いる人でした。使い古されて月並《つきなみ》になってしまった比喩はたいして役に立ちませんが、表現力を伴った比喩は思考の空転を防いでいたのです。

†抽象語の罠の実例

理論と実践、抽象と具体の繋ぎの不確かさは、教育現場でもしばしば見ます。国から出た指針にも、さまざまな研究者による論文にも、「なるほど、そうだ」と思う知見が確かにあります。しかし、それが、生きた子どもたちがずらりと居並ぶ日々の教室で、実際に、確かに、意味のある変革を生み成果をあげることに結びついているか……。そこの脆弱性はかなり深刻だと思います。第3章でも触れたことですが、優れた理論が優れた実践と成果につながるという保証はない、ということ。大村はまはその大いなる弱点を現場人として痛感するからこそ、実践に徹するという姿勢を貫いたとも言えます。現実の厳しさを見切った結果でしょう。

たとえば、「聞く力を育成することが重要」というたいへんもっともな命題を前にした教員は、次のようなことをしがちです。①「よく聞きなさい」と命じたり、叱ったりする②「よく聞いたかどうか、確認のテストをする」③おへそを相手に向けて座り（つまり正対し）、目を見て、頷くとよい、という指示をして、頷いたかどうかチェックさせたりする――こういう取り組みが、果たして聞く力を本当に育てるのか。たとえば頷くことなど意識させたら、聞くことへの集中をかえって削ぐのではないか。相手の目を見て、頷いて聞いているようでも、実はまったく聞いてなどいなくて、別のことを考えている、というようなふだん自分でもやっていることを思い起こせばいいのに、「聞く力」を育成しようとやっていることだから、きっと育成するだろうと思ってしまう。

逆方向（具体から一般化する場合）でも、不確かさはつきまといます。たとえば話し合うことの大切さを子どもに知らしめたいというのは、たいへん真っ当なことです。そのために日本中の教室でなにかにつけて話し合いをさせますが、そのまとめとして「今日の話し合いはどうでしたか？」という教師の問いに、子どもはまず間違いなく「お友だちのいろいろな意見を聞くことができて、良かったです」というような返答をするわけです。

友だちのどの意見のどの部分を、どのように捉えた結果、「良かった」というのか、それは曖昧ですし、実はそんな実態などまるでないという可能性もあります。話し合えて良かった、という着地点が最初からあって、それをなぞっているだけであることが多い。望ましい結論が最初から期待されていることを、子どもはかなり幼い頃から理解していて、目の前のあれこれの具体的なものごとを自分の目で捉え理解する際に、知ってか知らずか、大きな圧力を受けているのだと思わずにはいられません。期待された通りの抽象語を使って一般化するわけです。そういう内実を伴わない発言は、言うだけ空疎さを深めていきます。

†言語能力そのものを鍛える

理論と実践、抽象と具体を結ぶ線が実に不確かであること。帰納と演繹の往還のあり方が、おぼつかないこと。これは知を現実で生かす上で大きな弱点でしょう。そして、その弱点の根にあるのは、言語を扱う力と態度の不十分さ、精度の低さ、であると思われます。「国語が大事」というのは、「日本語が大事」という以前の問題として、「言語が大事」。鳥飼さんもおっしゃっている中間地点としての「言語教育」の部分（あるいはＯＳの部分）こそが大きな役割を負うべきでしょう。

大村はまの国語教室は、近代の国語教育の中でおそらく最も成果をあげた一つです。しかし、鳥飼さんの問いかけに答えようとする過程で気づいたのですが、大村の仕事の成功を支えた理論や理念は、実はそれほど驚くような特別のものではないかもしれない。そう思うようになりました。誰もがわかっているような、ごく当然のこと――一人前の言語生活者に必要な資質を丹念に育て鍛えていくために、保守的とも言えるくらい当然のことを、一つひとつ丹念に真正面から捉え、具体に移し、実行し、実現した。それをやり遂げた手際の専門性、無数の知恵と見識こそ、注目すべきなのでしょう。「教える」ということは、望ましいことを皆の前で述べ、「理解しなさい」「覚えなさい」と命じ、成果を検査し、序列をつける……そんなことではない。望ましいその力を、必要な時に実際に使えるような形で身につけさせる、そこまで含めて「教える」なのだ、という専門家としての覚悟がそれを支えました。

その専門的な知恵と手際は、大方の想像を遥かに超えるほど多岐にわたり周到です。大村の仕事の集大成と言える全集「大村はま国語教室」（筑摩書房）は全一五巻にもなり、それでも全てを網羅しているわけではありません。でも今あえてその共通点を挙げるなら、やはり第3章で書いたとおり、言葉が、子どもが、教師がいきいきとした教室であることを死守した、ということになりそうです。

今から二三〇〇年ほども前、エジプトの王都アレクサンドリアで、幾何学の祖ユークリッドがプトレマイオス一世に言ったということば、「学問に王道なし」が思い起こされます。科学技術がこれほど進歩しＡＩの時代が来ても、一人の人間が言葉を身につけ、知を鍛えるという挑戦に、王道はないのではないか。大村はこんな言い方をしています。

「きっと、ことばの力をぐんとつけたい、急にうまくしたい、そんな方法があれば教えてもらいたいと思っているでしょうが、なかなか、そういう急にぱっと力をつける方法はないようですね。だんだんに、そのかわり確かに、力をつけることを考えましょう」(『大村はま やさしい国語教室』)

言語能力を育て鍛える簡単な方法はない。たとえ権勢を誇ったエジプトの王が求めても、また、教室に電子黒板やタブレット端末が備えられても、そんな便法はない。そう見極めた上で、こつこつと丁寧に勉強していく。言語に関わる神経をしっかり覚醒させた子どもと教師が、現実世界といきいきと重なることばを扱っていく。それが、迂遠なようでいて確かな言葉の教育ではないか——なんだか気が抜けるほど普通で当たり前ですが、でも本当のところではないでしょうか。

†並べ、比べる

言語は、世界を理解し、考える、という行為を支えます。それがしっかりしたものでないと、帰納と演繹、抽象化と具体化、認知とメタ認知といった往復運動が崩れてしまうわけですが、その精度を少しずつ上げていくためにはどうしたらいいのか。一つのことを、どれだけ深く考えようとしても、「より深くする」ためにどうしたらいいのかは、難しいところです。そもそも「よく考える」とは、何をすることなのか。

大村が中学生に授けた基礎とも言うべき知恵は、並べ、比べる、ということでした。自分の経験や知っていることの中から、近いもの、どこかに共通点のあるもの、ふと思い出したもの、正反対のもの、まったく関係のなさそうなもの……とにかく、並べてみて、比べてみる。すると考えるという行為にぐっと具体性が生まれます。見えてくることがあります。大村は七四歳で教室を去る半年前の夏、隅田川花火大会を報じる四紙の新聞記事七つに出会い、それが一年生の「花火の表現くらべ」という単元になりました。天候、花火の上がった夜空の光景、音、観衆のようす、橋の上の混雑、川面、など観点別に表現を比べた学習でした。並べれば、そこには必ず何かしら気づくこと、見えてくること、考えたいことが生まれる。それは生徒たちを主体的な読み手にする契機となりました。

何かを表現したり理解したりする時に、最初に思いついたたった一つの案やことばでよしとせず、せめてもう一つのことばを求める努力をする。それが大きな差を生みます。考えを一歩進めるとっかかりになるのです。その時、何をもう一つ持ってきて並べるか、それ自体が知恵であり、経験であり、その人らしさに通じます。

そして、鳥飼さんも言及なさっている英語と国語の連携の意味合いを、私はここに見いだしています。並べ、比べてみるものは母語に限定する必要はまったくなくて、そこに外国語が添えられることは新たな可能性を見せてくれるでしょう。「並べ、比べる」例をいくつか見てみましょう。

†例①「こころ」について考える

少し前に、朝日新聞で一つの興味深い例と出会いました。宗教学者の山折《やまおり》哲雄さんのエッセイです。一節を引用しましょう。

> あるとき、日本研究のため来日したイギリス人がやってきて、こんなことをいった。日本人は何かにつけて「こころ」をもちだして、いろんな文脈で使っているが、これがなかなか英語にならない。ドイツ語やフランス語にするのも難しい、と。英語でいうと　ハート／スピリット／マインド／ソウル　など、さまざまな表記がそれにあたりそうであるが、どれひとつぴったりとくるものがない。ぜんぶひっくるめても、しっくりくるようにはとても思えない……。
>
> 私はその嘆きのような、あきらめのような告白をきいていて、なるほどそうかと、自分のこころのうちをおそるおそるのぞき見るような気持ちになった。日常的にあまり意識することがなかっただけに、新鮮な驚きにたじろいだのだった。
>
> （『朝日新聞　be on Saturday』二〇一九年一月五日）

小学生でも辞書を引こうとすら思わないであろう「こころ」ということばが、実は単純な翻訳を許さないことばであったこと。これは面白いことです。このエッセイを読んでから、私は「こころ」という語に出会うたびに、ちょっと立ち止まり、英語に訳すことを試みてみますが、その試み自体が私の理解を助けたり、発想を広げたりするのを実感します。それは、「こころ」という言葉を言って、あるいは聞いたり読んだりして、なんの疑問も持たずに安心、安定していた時とは、まったく違うあり方です。

さまざまな科学技術が進歩し、教育の機会は拡大し、寿命が延びました。でも、災害も病気も争いも格差も欺瞞も孤立もあって、不安や不満は消えないどころか見えやすくなっているようです。こころの問題がいっそう顕著になっている、と多くの専門家が言います。その時、そもそも「こころ」とは、というところでじっくり対象を眺めることはぜひ必要となるはずです。でもこの「こころ」ということばの、意味を疑う気にすらならない圧倒的な落ち着きが、気づかないうちに思考を制限するような気がします。「こころ」という語の塊を、解きほぐし、対象化する契機として、英語と並べてみるのは一つの意味ある試みだろうと思います。

†例②「飼い慣らす」にこだわる

六年前に私は友人のところで一羽のフクロウの子に出会い、一瞬で惹きつけられました。以来、私はフクロウのぽーと暮らしてきて、『フクロウが来た』という本を書いたという話は第3章でも触れました。私は、もともと鳥が好きですが、鳥の何がそんなに好きかと考えると、空を飛ぶ、というその自由が好きなのです。羽ばたいた翼がどんなふうに空気を捉えるのか、道も果てもない空を自由に飛ぶその目に、眼下の景色がどんなふうに映るのか。それを思うと胸が焦がれるようです。ぽーが目を見開いてまっすぐ前を見て飛ぶ姿は、見とれるほど優美で、無駄がなく、立派です。それを見ながら私は、喜びつつ、一種の後ろめたさを感じます。自由に空を飛ぶ存在をリビングに招き入れたという矛盾が、そこにあるからです。

そんなこともあってか、本を書く段になって、思いがけないことばで引っかかってしまいました。まず「飼う」ということばに微妙な抵抗がある。「飼い慣らす」などもっと言えない。「ペット」は論外。困りました。囲い込む感じや保護―被保護という関係が、なんだか気にくわない。ぽーは私の手下でも所有物でもなく、とても堂々とした一人前の存在感を持ってここで暮らしている（と私が思っている）。家畜、家禽《かきん》ではない。

年月とともに、私とぽーとの間には、一定の理解と愛着が生まれています。互いにしっかり知り合った、という感じでしょうか。では、それを何と言えばいいか。「飼い慣らした」ということばでは、ぽーの野性の喪失が露骨に表れるようで、残念です。

困っていた時、サン＝テグジュペリの『星の王子さま』を思い出しました。星を巡る旅の果てに地球にやってきた王子は、疲れて、悲しい。出会ったキツネに、遊んで、というと、キツネは「あんたとは遊べないよ。飼い慣らされちゃいないんだから」と返事します。「飼い慣らす、ってどういうこと?」としつこく訊ねる王子に、キツネは、「〈なかよくなる〉ってことさ」と説明します。私が初めて『星の王子さま』を読んだのはちょうど大村教室の生徒だった中学生の頃で、岩波書店から出ていた内藤濯《あろう》訳（初版一九五三年）でした。私はこの本にたいへん惹きつけられましたが、たった一箇所、この「飼い慣らす」に違和感を持ち、ひっかかった気持ちを、まるで小さな棘が刺さったかのようにずっと持ち続けてきたわけです。

最初に違和感を持った日から半世紀近く経った今、首を傾げる以外にもできることがあります。洋書を多く置いている丸善に飛んでいって、まずフランス語の原典を探しました。「飼い慣らされた」は“apprivoisé”（アプリヴォワゼ）という語だとわかり、辞書を見ればそこには「飼い慣らされた」とありました。しかしフランス語を知らない私にはそれでは十分には理解できません。

次に英語版を探しました。四種の訳本を見つけることができましたが、すべて例外なく"tame"を使っていました。"tame"は、シェイクスピアの戯曲『じゃじゃ馬ならし』のタイトル"The Taming of the Shrew"でも使われています。王子が出会ったキツネは賢く、ちょっと哲学的ですらありますが、自分と王子の関係のことを、こんなふうに「じゃじゃ馬を従順にさせる」というニュアンスまで持った語を使って言ったりするのか、と私は驚きました。なにしろ『星の王子さま』でもっとも有名な言葉「大切なものは目にみえない」を王子に授けるのは、このキツネです。そのキツネが"please, tame me!"("apprivoise-moi, dit-il!")と言うのです。

やっぱり「飼い慣らす」なのか、と思いながら、次は日本語版に取り組みました。作者の没後五〇年が過ぎ著作権が切れたので、新しい日本語訳が何種類も発行されました。すぐに計八冊の訳本が手に入りました。

①内藤濯訳　二〇〇〇年三月　岩波書店（オリジナル版）
②小島俊明訳　二〇〇五年六月　中央公論新社
③倉橋由美子訳　二〇〇五年六月　宝島社

④池澤夏樹訳　二〇〇五年八月　集英社文庫
⑤河野万里子訳　二〇〇六年四月　新潮文庫
⑥野崎歓訳　二〇〇六年九月　光文社古典新訳文庫（タイトルは『ちいさな王子』）
⑦三田誠広訳　二〇〇六年一一月　講談社青い鳥文庫
⑧管啓次郎訳　二〇一一年六月　角川文庫

それでは四箇所に注目して比べてみます。Aは「遊ぼう」と声をかけた王子に、キツネが最初に言った"apprivoisé""tame"の出てくる部分です。Bはその意味がよくわからず、何度も訊ねる王子に、キツネが意味を教えるところです。Cは、会話を交わすうちに、キツネの側から"tame me"という部分。そしてDは、「いろんなことを知りたいから、きみをゆっくり"tame"する時間がない」と言う王子に対するキツネのことばです。

①A「おれ、あんたと遊べないよ。飼いならされちゃいないんだから」
B「〈仲よくなる〉っていうことさ」
C「なんなら、……おれと仲よくしておくれよ」
D「じぶんのものにしてしまったことでなけりゃ、なんにもわかりゃしないよ」

②A「きみとは遊べないよ。飼いならされていないからね」
B「『絆を創る』っていう意味だよ」
C「よかったら……ぼくを飼いならしてよ！」
D「ものごとは、飼いならして初めて知ることができるんだよ」
③A「おれはあんたとは遊べない。まだ仲良しになっていないからね」
B「『関係をつくる』ってことさ」
C「お願いだから仲良しになってほしい」
D「仲良しになった相手でないと知ることはできないね」
④A「きみとはおれは遊べないよ。おれは飼い慣されていないから」
B「それは、『絆を作る』ってことさ」
C「お願いだ……おれを飼い慣してくれ！」
D「飼いならしたことしか学べないんだよ」
⑤A「きみとは遊べない。なついていないから」
B「それはね、『絆を結ぶ』ということだよ」
C「おねがい、なつかせて！」
D「なつかせたもの、絆を結んだものしか、ほんとうに知ることはできないよ」

⑥A「きみとは遊べないな。だってぼく、まだなつかせてもらっていないもの」
B「『きずなを作る』という意味なんだ」
C「たのむよ……。ぼくをなつかせてくれよ」
D「自分でなつかせたもののことしか、ほんとうにはわからないんだよ」
⑦A「あんたと遊ぶなんて、すぐにはできないよ。まだ《なついて》いないからね」
B「《なつく》というのは、《きずな》で結ばれるってことさ」
C「もしもよかったら、……あんたになついていいかな」
D「《知る》というのがどういうことか、わかっているのかな。《きずな》でしっかりと結ばれる……。それが《知る》ってことなんだよ」
⑧A「きみとは遊べないよ。なついていないからね」
B「『絆をつくる』ということ」
C「ぼくをなつかせてよ」
D「なつかせたもの以外には、何も知ることなんてできない」

英語版の該当部分も挙げましょう。

⑨ Wirton Arvel 訳
A, "I can't play with you, I haven't been tamed."
B, "It means 'form bonds.'"
C, "Please... tame me!"
D, "You only get to know the things that you tame."
⑩ Richard Howard 訳
A, "I cannot play with you. I am not tamed."
B, "It means 'create connections'..."
C, "Please... tame me!"
D, "We know only the things we tame."

英訳者にとっては、原作の"apprivoisé"を"tame"と訳すことに逡巡があるように見えないのに対し、日本語訳者にとっては悩ましいものであったことが、これらの比較から浮き上がってくるのがわかります。たとえば最も古い内藤訳でも、本来はすべて同じ語を使っていたAとC、Dを別の言葉で言っています。「飼い慣らされちゃいないんだから」とは言えても、「飼い慣らしておくれよ」とは言いがたかった、ということでしょう。

英語訳を見ても、“tame”を使っていることは同じでも、⑨のI haven't been tamed.と⑩のI am not tamed.にはニュアンスの違いが感じられます。経験を言っているのか、状態を指しているのか、その差でしょうか。Bも他に“create ties”“establish ties”という例もありました。この比較も興味深く思われます。

キツネが自分で「飼い慣らされていない」「なついていない」と言うのは、「人間に」という意味なのか、「目の前にいるきみに」という意味なのか。キツネは“apprivoise”という語が必然的に持っているだろう主従関係、上下関係を、自覚しているのか。それとも、自己流の哲学的な意味合いで用いているのか。対等な個と個が“apprivoise”しあうということがあり得るのか。作者の意図はどうだったのでしょう。

フランス語が十分に理解できていたら、さらにわかることも増えるでしょうが、おそらく作者が言う“apprivoise”が、本当には別の言語に置き換えることができないということでもあるでしょう。日本語の「飼い慣らす」も「なつかせる」「仲よくなる」も、所詮は近似値でしかなく、はみ出る部分、足りない部分はどうしてもある、ということです。同時に、これは推測ですが、生きた相手を「飼い慣らす」ということへの抵抗感について、フランスと日本の間では文化的差異があるということも考えられます。親しい人にこの話をしたところ、彼女は即座に「それは、フランスの庭園を見てもわかるのではないか。幾何学的、人工的に整えられた植え込みなどは、植物を『飼い慣らして』いる感じで、日本の庭園との違いを痛感する」と言いました。

今、この取り組みにこれ以上の紙幅を割くわけにはいきませんが、目の前に積まれた『星の王子さま』の訳本を前にして、誰に頼まれたのでもないけれども一つの単元学習として取り組んでみたくなります。「飼い慣らす」"tame""apprivoise"の使われ方を、『星の王子さま』から離れて広く集める、ということがきっと有効でしょう。

ここまで考えてみた後、ふと気になってインターネットで「星の王子さま・飼い慣らす」で検索すると、このことについてこだわって考えている人たちが少なからずいることがわかって、驚きました。やはり読者を立ち止まらせる箇所だということです。翻訳本が多数揃った今、翻訳者の苦心の跡が、読者に深く考えるための足がかりとなっています。原作との比較、他言語訳本との比較、そして日本語訳同士の比較、それが「よく読む」「よく考えてみる」ということを自然にもたらすということです。

このように、ことばに確かに着目しながら何事かを探求していくのが、大村の単元学習の基本的なスタイルの一つでした。比較という視線を持つことが、次へ次へと考えを進め、見極め、掘り下げていくことにつながるわけです。

　こうした取り組みの場合、結論それ自体は、実はさして重要ではありません。"tame" という語の意味を調べたり覚えたりすることも、目標ではありません。並べて比べる過程で、自然に持つようになる言葉を精密に見る態度。自分の語感を掘り下げていくこと、複層的な視点や、「自ら気づく」という感覚それ自体の気づき。そうしたことが、言語感覚そのものを鍛え、磨き、精度を上げる。それが目的です。OSを活用せずにいられない機会となり、それがOSのグレードアップにつながるでしょう。

†簡単なことしかできないか?

「そうは言っても、英語の力が不十分な初歩の段階では、研究的な姿勢を取ることはそもそも無理だ」と考える方もあるでしょう。ある程度の力がつくまでは、無味乾燥でも機械的な暗記でも仕方がない、当分はただ我慢するしかないのではないか……。私は、それは誤解なのではないかと考えています。

　人は難しいことを勉強するのを嫌いますが、では、うんと簡単なことなら喜んでやるかと言えば、そうでもないようです。たとえば中学一年生にとって、英語が簡単ではないのも事実ですが、だからといって簡単なこと——たとえば、"How much is this?" "It's 500

Yen." "Do you like baseball?" "Yes, I do." などという問答をいくらやったところで、満足というものを感じるかどうかは疑問です。学ぶ手応え、わかる喜び、成長の実感を大事にするなら、その人の精神的なレベルにふさわしい課題であることが必要です。簡単で幼稚な内容は、学ぶ意欲をいちじるしく削ぐ危険をはらんでいます。

初学者にも、年齢や成熟度合いにふさわしい新鮮な課題や材料、よい方法を探すこと。知的な学びのしっかりとした手応えを確保すること。これも、大村はまの実践から得られる重要な示唆の一つです。興味深い視点を持って探求的な読者になり得たとき、読むという行為は自然な勢いを得、「ぐいぐい引き込まれて読む」という姿勢を生みます。多少わからない単語があっても、なぜか読んでいける、ということにつながるわけです。その経験は力につながることでしょう。

†例③レオ・レオニ「スイミー」

たとえば、多くの小学二年生が国語教科書で出会っているレオ・レオニの「スイミー」ですが、中学二年生くらいならば、先生と辞書の助けを借りながら原作を読むことができるでしょう。小さい頃に教室で読んだ谷川俊太郎さんの訳と原作とを丁寧に比べながら読むと、きっと面白い気づきがあることでしょう。

たとえば、主人公の小さな魚スイミーが、海底を歩くロブスターに出会った場面を、原作は一行でこう表しています。

"A lobster, who walked about like a water-moving machine."

谷川訳はこうです。

「すいちゅうブルドーザーみたいないせえび」

谷川さんはこの翻訳にあたり、原書のグラフィックな美しさを損ねないように、一行の長さなども揃えようとした、と書いています。読者の子どもたちのため、難しいことばは避けたい、ということもあり、ずいぶん苦労なさったことでしょう。

小学校の国語の授業でこの作品を取り上げる時、このブルドーザーという比喩は子どもを驚かせますし、比喩を教える大事な機会になっていますが、原作者はブルドーザーとは言っていません。「水力機械みたいに歩き回る」と言っているのです。それがわかってみると、ブルドーザーという比喩表現を唯一のものとして見ていた目が、一気に相対化し、作品に接近し味わっていく道が開けるはずです。原作は、ロブスターの水中での独特な動きを巧みに表していますが、谷川訳では動きよりはその重量感のある形態に目が向きます。このとき、正誤を追求するような姿勢は不必要で、いきいきとした言語活動それ自体を狙うのです。英語初心者でも、その知的楽しみは味わえることでしょう。それが主体的な、自律的な学習者を生む契機につながっていくはずです。

ちょうどいい手応えを持った課題に心を惹かれ、優れた材料と方法が用意されれば、学習者は自分から進んでテキストに食いつきます。わからないことは聞いたり、調べたり、時には飛ばしたりしながら、読んでいきます。こういう姿にならないと、言葉の勉強は進んでいかないわけです。いつも、何が書いてあったか、要点や主題だけとらえようとする姿勢でいては、なかなかそういう姿にはなれないのです。

†例④文法を俯瞰してみせる「お話」

「文法」は嫌われ者です。国語でもそうです。文語文法など気の毒なほどの存在です。向学心に満ちた顔を期待することは難しいでしょう。でも、退屈した子どもは、言語を司る脳がきっと眠ったようになって、きっとなに一つ覚えないでしょう。文法を教える際であっても、ルールの受容だけの受け身の姿勢でなく、関心を持って目をちゃんと覚まして、言語を観察し、理解する、という姿を作ることを目指したいわけです。

たとえば英語の初心者にとって、なかなか身につかないのが「主語が三人称単数で現在形ならば、動詞にsを付ける」という規則です。一人前の英語話者なら、友だちと早口で夢中になって話しているような時でも、そのsをちゃんと付けることができます。主語が三人称単数ということに、習慣的に神経を払っているわけです。たとえばドイツ語、フランス語などのように、人称によって、格によって、時制によって、動詞が形を変えるということなど、日本語を母語としている子どもたちには、目を丸くするような話でしょう。他にも、名詞が単数か、複数かということを、英語では大変気にします。"a"や"the"の冠詞も、小さい「部品」ながら大変重要で、かつ日本人には難しい存在です。そうかと思えば、兄弟姉妹は"brother""sister"ですが、自分より年上なのか、年下なのか、それは英語では一語では表現できません。こうしたさまざまなことを、言語に見る「関係の捉え方」「世界の見え方」のような角度で、印象に残る短い話として折にふれて生徒に聞かせることはできるはずです。ルールなんだから、四の五の言わずに覚えなさい、と言うのではなく、そのルールを対象化し相対化し、「なるほどねえ」とじっくり眺めるようなやり方が望めないでしょうか。

授業時間は限られていて、そんな暇はない、という先生方の声も聞こえてくるようですが、授業に臨む子どもたちをいきいきとさせるためならば、何かを削ってでもこうした機会を作る意味がある、というのが、大村はまのやり方です。一度の授業でたった三分とか五分とかを割けばいいのです。大村教室では、ことばについて、言語生活について、興味深い新鮮な話題が実に頻繁に持ち込まれていました。それはちゃんと役に立って、「ことばというのは面白いものだなあ」という教室の下地を作りだしていたわけです。その下地が、勉強の苦労を支えてくれます。

ただし、ここで重要な必要条件があります。先生自身が「ことばというものは面白いものだなあ」と心から思っていないといけない。職務を遂行しているだけ、という姿勢では人に伝わる迫力がありません。学力テストの成績を上げなければ、入試対策をしなければ、という意識にがんじがらめになっていては、ことばの教室としていきいきとしてくるはずがありません。

†英語と日本語、言語と言語生活

こんなことをあれこれと考えていると、鳥飼さんが言及なさった「言語」という中間地点での英語と国語の連携は、大きな意味を持ち、十分にあり得ることだと思われます。「英語で論文を書く際に、最初から英語で考えると、本当には思考が深まらない」「英語で書いた論文を日本語に翻訳しようとすると、違和感のある文章になってしまう」という第5章、第6章で紹介された話も、重要な示唆に富んでいると思います。一人の人間が複数の言語体系を持つことの、決して単純ではない作用、影響、意味合いというものについて考えるいい実例になりそうです。

最後にもう一つの実例を添えましょう。アメリカ人の若者チャーリー・エングマンの話です。彼は、私の長年の友人の息子で、誕生直後から我が家と行き来を繰り返してきました。小学生の頃は、私の娘と当時発売されたばかりのポケモンで遊んで、一方は日本語を、一方は英語を学んで大きくなりました。そうした環境に持ち前の能力と努力が加わり、さらにオックスフォード大学で日本学を修めた結果、彼は見事な日本語力を身につけました。いまは写真家としてニューヨークを拠点に忙しく活躍していて、日本に来るのはせいぜい年に一度、ほんの数日間くらいのことです。それなのに彼の日本語の力がまったく落ちないことに私は驚いていて、ある時その理由を探りました。すると返事は思いも寄らないものでした。

「実はね、ふだん一人でものを考えている時は、日本語なんだ。ニューヨークの道を歩きながら、何かいいことを思いつくと、『そうか！　そうだったんだ！』なんて思わず口に出してしまって、きっと変だと思われてるよ」

「どうして？　日本語を忘れないように、ということ？」

「どうしてかな。理由はあまり考えたことがなかったけど……。一人で頑張って苦労して身につけた日本語は、自分だけの言語のようにも感じて、自分にしか言う必要のないことか、不確かなことを日本語で一人で言う。そうすると、不思議に気持ちが癒されるような感じがする。それに日本語で考える方が、早いというか、ぐっと進めるというか、面白い。英語だと、決まった道を通って、きちんと順に考えるしかなくなる、っていうか。うまく言えないけどね。英語文化が提供する枠組み以外のことを考えさせてくれる、っていうことかな」

この証言は示唆に富んだものです。彼の中には、言語という領域が確かに存在していて、それを英語で起動させるのと、日本語を用いるのとでは、面白い差が生じる。第二言語が、母語を越えた作用をすることがありえる、ということでもあります。同時に、複数言語を使えるということ、それ自体が言語生活の土台に根本的な厚みを加えているだろうことも、想像できます。

ここまで議論を重ねてきて、日本人が英語を学ぶ意味合いが広々と見えてくるのを感じます。「旅先で困らないように」「道を聞かれて答えられるように」といった、よく街頭インタビューで出てくるような動機は、実はポケトークのような翻訳機器やグーグル翻訳などの登場でかなり容易に解決できるようになってきています。小学校の頃から何年もかけて英語を勉強して、覚えの悪さを嘆かなくても、翻訳機一つで旅くらいはできます。ポケトークはいま七四言語に対応しているそうです。それでも私は、日本人が英語を勉強する意味合いは大きいと思います。人の言語と言語生活そのものを刺激し、拡大させるからです。受験に必要だから、などという便宜的なことではありません。

ことばを学ぶことは、それが母語であれ外国語であれ、本気で、本格的に向き合えば向き合うほど面白く、手応えのあるものになり、そして自分の世界を豊かにすることにつながります。ことばというものが人と人の暮しとに直結したものなのだから、それは当たり前のことなのですが。

……とはいえ昨今の英語教育についての混沌とした情況（小学校での教科化や大学入学共通テストでの民間試験の利用［第9章参照］）を見ると、どうにも次元の違う話としか思えません。さらに問題と思われるのは、英語の授業では日本語は使わない、という文科省の基本方針です。その方針に正直に従うなら、初学者の教室に複雑な思考を望むことは不可能になります。

ゆたかな言葉の教室、それは夢のような話でしょうか。

第8章　これからの言語教育へ向けて

鳥飼玖美子

†「異質性」の認識から始まる

本書では、英語教育と国語教育の「連携」を考えるにあたり、まずは中間地帯を設けて、「ことばの教育」として考えることを試みてきました。

苅谷夏子さんは、大村はまの実践を軸に国語教育を再考しようとする立場です。鳥飼玖美子は、異文化コミュニケーションの視点から英語教育を考えようとしています。どちらも、国語教育界あるいは英語教育界を代表して議論しているわけではありません。

それでも、国語教育と英語教育の違いが随所に浮き出ており、そのこと自体が重要な第一歩であると感じます。異文化コミュニケーションは、まずは相互の「異質性」を認識することから始まるので、両者の違いをふまえつつ、幾つかの問題を改めて考えてみようと思います。

†抽象語は明治期に生まれた

「抽象語」が権威のある正しい言葉という「罠」（第7章）になるかもしれないのは、そもそも抽象語とされることばが明治期に生まれた漢字による造語が多いからではないでしょうか。『翻訳語を読む――異文化コミュニケーションの明暗』（一九九八年）などの著作がある柳父章《やなぶあきら》によれば、文字のなかった日本に中国から入ってきた漢字は日本人にとって「舶来品」であり、「新しい意味の言葉は漢字を使って造語されることが多かった」（一一〇―一一一頁）。未知のもの、すぐれたもの、憧れの対象、高級な意味は漢字で表していたので、西洋からの新しい概念は、当然、漢字で表すことになったのです。漢字一文字では新たな概念を表現することは難しいし、三文字以上は多すぎるので、二文字で表現することが多かったようです。西周《にしあまね》は、philosophy の訳語を最初は「希哲学」と訳しました。語頭の philo が、philia「愛」を意味するのを「希」と訳したのですが、全体で三文字になってしまった為、やがて訳語は「哲学」となりました[18]（柳父、二〇一三年）。

「抽象」という日本語も明治の遺産です。英語の abstract を翻訳した語で、なぜ「抽象」となったかといえば、語源のラテン語 abstructus の意味が「抜き出す」だからでしょう。最初に訳語として登場したのは、一八八一年刊行の『哲学字彙』だとされますが、

「事物や現象からある要素・側面・性質・共通性を抜き出して把握すること」という意味で使われています。ところが「抽象的」という日本語は、やがて「単に観念的に思考されるだけで、実際の形態・内容を持たない」という意味でも使われるようになります。「理論」「理論的」と同じように、本来はなかった否定的な意味合いを持つようになったのです。

しかし、日本にない概念、目に見えない欧米の思想や制度を明治時代の知識人が苦労して翻訳したのは、何も偉そうにしようと考えたのではなく、一般の人々を啓蒙するためだったのです。とくに福澤諭吉は、そのことが日本の近代化に不可欠だと考えていたようで、抽象語を作り出して日本に新しい概念を紹介しました。日本が欧米列強の植民地になることなく近代化を成し遂げた背景には、このような先人たちの努力があったわけです。「権利」「個人」「自然」など多くの翻訳語は、原語との微妙なずれや理解の困難さを伴いながらも、現代社会で欠かせない用語として定着しています。

「抽象」も、本来の「具体的な事象から共通性を抜き出して理解すること」と考えれば、これは知的思考には不可欠であるのが分かります。「理論と実践」と同様に、「抽象と具象」も車の両輪で、どちらも欠かせないことです。

柳父章は、「抽象的な理論」の必要性を説きながら、日本語では「抽象と具象の往復運動」ができないことを認め、その原因を漢字での造語に帰しています（一九九八年、一二四頁）。

第6章で、英語の論理構成を説明しました。英語のパラグラフ構成は、冒頭で抽象的な概念提示や問題提起から入ります。その後に続けて具体的な例や根拠などを挙げて説明して主張を補強し、最後は「抽象」でまとめます。英語で書くことを学べば、抽象性と具象性をどうつなげるかを体得できると考えられます。英語の論理構成を英語教育で学ぶだけでなく、国語教育にも応用することは十分に可能ではないでしょうか。

†翻訳を教育に導入するのは難しい

抽象語の多くは明治時代の知識人が欧米の思想や制度を導入しようと欧米語から翻訳したことを考えれば、「訳す」という営為の重要性が分かります。国語と英語教育の連携という視点からも、訳してみることは、ことばへの意識を深めます。最近ではＴＩＬＴ（Translation and Interpreting in Language Teaching ＝言語教育における翻訳と通訳）と呼ばれる指導方法が関心を集めています。外国語で書かれた文章を母語に訳すだけでなく、母語から外国語への通訳や翻訳も取り入れることで、母語を活用しながら外国語を学習することができます。

ただ、翻訳を英語教育に導入することは、実のところ容易ではありません。翻訳論の視点から明確に言えることは、言語が異なれば「等価」にはなりえないのが当然です。言語は必ず文化を内包していますから、一見、容易に翻訳できそうでも意味内容が違ったりします。

よく「日本語は特別に難しい」と言われ、「雨だって、英語なら rain だけだけど、日本語には五月雨《さみだれ》とか、いろいろある」と言われます。前章でも触れられているとおり「心」も、日本語の特殊性を表す語として、よく例に挙げられます。夏目漱石による『こころ』の英語タイトルは、そのまま *Kokoro* です。作中に出てくる「先生」を、訳者であるマックレラン（Edwin McClellan）は、*Sensei* としておき、脚註で「フランス語の maître に近いニュアンスだ」と説明しました。英語では mentor が近いでしょう。

日本語独特の意味と用法は英語に訳しにくいのは事実です。しかし、それは日本語の特殊現象ではなく、どの言語にも独自の言語文化があり、他にない言語世界を構築しています。日本語では「雨」に関する語彙が豊富ですが、「雪」についての語彙が多い言語もあります。日本語に訳せない、訳しにくい英語は多々あります。だからこそ、翻訳や通訳は至難であり、曲がりなりにも訳しているのは、様々な工夫を凝らしながら限りなく原語に近づけているか、時に原作からずれて読み手や聞き手の理解を優先します。「翻訳者は裏切り者」とイタリアの格言にあるのは、そのことを指しています。

そのように考えると、外国語教育の授業で「翻訳」に挑戦し、「どう訳すか」の翻訳論に終始してしまうと、外国語そのものを学習する時間が割かれてしまいます。それで、世界の多くの学習者が文法訳読法では外国語が使えるようにならないと批判したのです。日本でも同じです。

†英語で英語を教える授業

日本語に訳し日本語で文法を教えるから英語が話せない、という日本社会に根強い不満を受け、現行の高校学習指導要領では「英語の授業は英語で行うことが基本」と明記されており、二〇二〇年度から施行の新学習指導要領では、中学校でも「英語の授業は英語で行うことが基本」になりました。この方針はもっと議論を尽くすべきだったと思いますが、導入の理由は「外国語としての英語環境にある日本では、日常的に英語を使わない。だからせめて英語の授業だけでも英語漬けにしたい」という思いが文科省にあったからでしょう。

「基本」ということは、生徒の様子に応じて日本語を使っても構わないでしょうし、学習指導要領は法律ではなく大臣告示なのですから、法的拘束力はないはずです。生徒にとって良い授業を教師が考えて柔軟に対応すれば済むように思います。ところが、学習指導要領改訂以来、英語教員研修では「英語でどう授業をするか」が中心課題になっている感があります。留学経験者で英語に自信があり研究授業の立役者となる教員がいる一方で、なぜ英語で授業なのだ?と反発する教員もいれば、諦めの境地の教員もいます。いずれにしても「英語で授業をする」ことが目的化しており、何が最も生徒のために良い授業なのかが置き去りにされないかという懸念があります。

「英語で英語を教える授業」が、授業を理解できない生徒を増やし英語嫌いが多くなる、教師の英語力と生徒のリスニング力に合わせ授業内容が浅薄になる、などの弊害が明らかになってくると、今度は「訳読」への回帰が強調されるでしょう。ただ、「訳す」授業についても慎重な議論は必要だと思います。

†英文和訳と「ヨソユキの日本語」

まず、従来型の漢文訓読式「英文和訳」のように語順を日本語的にひっくり返す訳し方にするのか、英語の語順のままに訳していく「順送り訳」「直読直解」が良いのか、という議論があります(ちなみに私がＮＨＫの英語番組で一〇年以上行っているのは、聞いた順に訳していく同時通訳の「先入れ先出し方式」[19]です)。加えて、正確な訳にこだわるのか、大意が把握できていれば良しとするのか。英文は理解していても、訳の日本語が稚拙な場合はどうするのかなど、論点はいろいろあります。

柳父章は、いわゆる英文和訳について、鋭い指摘をしています。英文を日本語訳する場合、「キャシーはフランス語が好きです。彼女はそれをとても上手に話します」のように訳すのが定石ですが、これは「ヨソユキの日本語」であって、「フダンギの日本語」なら「キャシーはフランス語が好きですって。とても上手に話しますよ」になる、というのです。いまどきの若者なら「キャシーってさ、フランス語が好きなんだって。ペラペラだよ」となるでしょうか。

けれど、「フダンギの日本語」には主語がなかったりするので、そのままでは英語になりません。そこで日本語を英語にする場合、日本人は「フダンギの日本語」を、いったん「ヨソユキの日本語」に直して、それを英語にしている。つまり日本人が外国人と接する際には、必ず「ヨソユキの日本語」が間に入ってくる、それは「ヨソユキの態度」で付き合っていることになる、というのが柳父の見方です(柳父、一九九八年、八〇―八六頁)。このような「ヨソユキの日本語」は書き言葉の日本語と考えてよいでしょうが、起源は二〇〇〇年前に日本人が中国から漢文を受け入れた時に遡るようです。漢文を読もうとして工夫した「漢文訓読」が、江戸時代のオランダ語習得、さらに幕末の英語、フランス語、ドイツ語などの外国語習得に引き継がれ、現在でも英語学習に生きていることになります。

私見では、訳してみることで二つの言語の間の溝に気づくことは大切なので、時と場合によって英語を日本語に訳してみる、日本語を英語に訳してみることは効果的です。日常的な話しことばと書きことばの違いも明確になります。とくに日本語から英語に訳してみると、曖昧なまま理解していた日本語の意味を厳密に定義しないと英語にならないので、日本語の学習にもなり、分析力の育成につながります。ただし、正解は一つではないので、指導者の知識と力量が問われます。

†「訳すこと」の複雑さ

一〇人の翻訳者・通訳者がいたとして、その一〇人の訳出はそれぞれ違います。どれが正しい訳か良い訳かというのは、翻訳や通訳の対象が、文学作品なのか教科書なのか技術書なのか、演説なのか対話なのか交渉かなどの目的によります。目的によって、原文を可能な限り忠実に反映するか、読者や聞き手にとっての分かりやすさを追求するのか、訳出の方略が異なります。文化の違いを浮き立たせる場合もあれば、なるべく異質性を感じさせないように調整する場合もあります。翻訳研究は聖書翻訳から始まりましたが、聖書はキリスト教を広めるのが目的ですから、理解され受け入れられることが最優先となり、訳出先の言語文化に合わせて違和感がないように工夫します。

翻訳に関するもう一つの格言に「不実な美女か貞淑《ていしゅく》な醜女《しこめ》か」というとんでもない比喩があります。ロシア語通訳者の米原万里さんが著書のタイトルに使ったので日本でも有名になりました。その心は、「読みやすく美しい訳文は原文に対して忠実ではない、原文に対して忠実な訳はえてして読みにくく醜い」というものです。

このような「訳すこと」の複雑さを考えると、訳し方に拘泥することは外国語学習において必ずしも生産的ではないかもしれません。二つの言語を比較対照することで差異を知ることは、興味を喚起することにつながりますが、それは外国語学習がある程度進んでからのことでしょう。初歩段階では慎重にしないと、学習者が混乱するか、過度に難しいと感じてしまう恐れがなきにしもあらずです。その意味では、大学での通訳翻訳科目は、通訳者・翻訳者にならなくても、母語と外国語との溝に気づく場となるので、外国語学習にとって有効だと思います。

†「スイミー」の読み方は一つではない

ところで、翻訳が「裏切る」ことを知っている者としては、「国語」の教科書で「スイミー」がなぜ好んで使われるのか、解せないでいます。もちろん「ごんぎつね」のような日本の童話も、一九八〇年代からずっと四年生の検定教科書に出てきます。なぜ、あんなにやるせない悲しい話が長年にわたり選ばれているのか不思議なのですが、その問題はここでは傍に置いておきます。

「スイミー」は、小学校二年生の「国語」教科書（光村図書）に一九七七年から登場し、東京書籍など他の教科書会社も使っています。谷川俊太郎さんの日本語訳は見事ですが、一九六三年に出版された原作の *Swimmy* は英語で書かれているので、日本語訳との間には溝があるはずです。そもそもタイトルの発音からして違います。

英語の Swimmy は、動詞の swim と同じように、sw と二つの子音が連結しているのですが、カタカナの「スイミー」は発音が日本語化していて、s の後に母音 u が入り込み、w は消え、母音の i も日本語の「イ」に変化しています。二〇二〇年度からは三年生で「外国語（英語）活動」が始まるので、Swimmy という名前の発音から英語と日本語の音の違いを気づかせることができないだろうかと考えますが、それには英語音声学の知見が必要なので、当面は無理でしょう。

さて、原作者のレオ・レオニ（Leo Lionni, 1910－99）はオランダで生まれ、イタリアで活躍、ファシズム台頭でアメリカに亡命した絵本作家です。「スイミー」は、日本語として違和感のない絵本に訳され、国語の教科書を通して普及しています。そして、この作品の受容は、「みんなで力を合わせよう」という教訓が前面に出ているようです。

しかし、この絵本でレオニは、「スイミー」に自分自身を投影しているとされます。二つの世界大戦を通して生きたユダヤ人という背景も大きな影響を与えているようです。絵本作家としてアメリカで成功していたのに、第二次大戦後にイタリアへ戻ったレオニは、これからの世界で自分がどうやって生きていくかに悩み、スイミーが一人になって海の中をさまよう姿に自らを重ねました。そして自分とは違うさまざまな海の生物と出会うことによって自己を発見し、やがて自己実現に至る自分探しの旅を描きます。仲間の魚は誰もが赤いのに一匹だけ黒いスイミーは、赤い魚たちに"I'll be the eye."「ぼくが、めになろう」と提案します。仲間と一匹の魚のようになって泳ぎ、大きな魚を追い払うという物語は、協力の大切さを語っているだけでなく、他と違っていても構わない、「人にはそれぞれの個性と役割がある」というレオニがたどりついた、生きる哲学を表現している、という解釈があります。

「多様性の中の個」を描いた絵本が、「みんな一緒に協力することの大切さ」という教えになり教科書で使われるというのは、集団主義的な志向が強い日本社会の価値観から来るのかもしれません。もちろん、絵本は人によって受け取り方がさまざまです。学校で読んだ時は「国語」の教科書として読んだだけで印象は薄かったけれど、大人になってから絵本を読んで「他の人と違っていても、自分は自分でいいんだ」と受けとめる人もいます。国語の教科書には倫理や規範が込められるという穿《うが》った見方もあるようですが、「スイミー」を授業で取り上げる際には、絵本で使われていることばの意味にしても、絵本が伝えようとした作者の思いをどう解釈するかについても、唯一の正しい答えを求めないで欲しいと願っています。

†文法は大切だけど退屈?

英語の授業において、文法も重要な項目です。

最近の英語教育があまりに会話偏重となり、文法知識が不足していて、読めない、書けない学生が大学に入学するようになったことから、文法の補習授業をする大学が出てきました。書店では、英語学習書の棚に文法解説書が増えています。私も著書で、文法はスポーツ試合のルールと同じだから、ルールを知らなければ聞いても読んでも分からない、従って書いたり話したりすることができない、と訴えました。

ところが過日、雑誌の対談で「文法の重要性」について語っているうちに、自分自身は中高時代に文法の授業が大嫌いだったことを思い出しました。文法は、国語の現代文であれ古文であれ、つまらないと思いましたし、英文法もひたすら退屈でした。何のためにこんな面倒なことを勉強しなければならないのだ、とうんざりしていました。

以前、モルモン教の宣教師でタレントになったアメリカ人に、「日本語を学んだ時は、まず図書館で日本語の文法を解説した本を読んで日本語の仕組みを勉強した」と体験談を聞いたことがあります。その時に彼は、「日本人は数学が得意だから、英語も文法から入れば、できるようになるはずだ」と主張しました。私は数学が苦手な自分を振り返り、だから私は文法が嫌いなんだ、と納得したものでした。

そんな私が初めて英文法を面白いと感じたのは、大学受験のために聞いていたラジオ講座で、西尾孝さんの文法解説を聞いた時でした。調べてみると、一九一六年生まれの早稲田大学教授、一九七〇年代から八〇年代にかけて受験英語界の代表的教師で、『実戦英文法』などで知られているとありました。私はそんなことをまるで知らず、何がそんなに面白かったのかも覚えていないくらいですが、ややこしい英文法を分かりやすく簡潔にまとめて、テキパキと、時にユーモアをまじえて教えたから、楽しかったのかもしれません。

それからだいぶ経って、コロンビア大学大学院の修士課程で英語教授法を学んだ際は、日本で「文法」と呼んでいるものは日本独自の「学習英文法」であり、世界にはさまざまな英文法の分類があること、規範となる文法を重んじるか実際に使われて定着している語法を重視するかについても異なる考えがあることを知りました。助動詞willについての討論で、「意志未来」の話が出た際、コロンビア大学の言語学教授が「それ、何?」と逆に質問した時は、体から力が抜けるようでした。

さらに、英語では能動態が標準であり、受動態にする場合には、何らかの理由があって視点を移動させていることを知りました。それから注意していると、新聞であれテレビ報道であれ、英語で主語をぼかしたい時には受動態にして、by以下の動作主体を出さない用法が使われているのを確認できました。

退屈な作業が嫌でたまらなかった能動態と受動態の変換も、受け身形の機能を実際の例文で知れば、面白くなったかもしれません。味気なく見える文法が、意味をつくりあげ相手に伝える上で大きな役割を果たしていることが、納得できることになります。

発音は、リズムと強弱を守り意味さえ伝えることができれば下手でも構わない。むしろ「あ、この人は英語が母語ではないな」という合図になって、相手はゆっくりはっきり話してくれることになったりします（気づいても、どうやったら「やさしい英語」になるのか知らない英語母語話者は多いですが）。けれど、文法が怪しげだと、教育を受けていないと誤解されてしまうので、どちらかを選べと言われたら、文法（つまり英語で試合する際のルール）を知っていることは大事だと答えます。

†文法をどう教えるか

では、どうするか。中高生に教える際には、文法指導のあり方を吟味する必要がありそうです。昔ながらの文法解説に戻っても、今の生徒はついてきません。少数の例外はあるにしても、つまらなくて、中高生時代の私のように、こっそり他のことを考えたり、内職したり、寝てしまったりするに違いありません。スマホも学校へ持っていかれるようになったら、スマホを見て過ごすかもしれません。

かといって、第二次大戦後の一九五〇年代から世界で流行したオーディオリンガル・メソッドのように、文型のパターンを暗記し機械的に繰り返して「体で覚える」学習方法は、練習したという実感はあるにしても、さほどの効果がなかったので、どうしてこうなるのかという文法の説明は必要でしょう。

ということは、文法が英語でのコミュニケーションを可能にすることを具体的に例示して、「やさしい日本語」(外国人だけでなく生徒にも使えるはず)で教えることが求められます。指導方法はいろいろあるでしょうが、英文法には、日本語にない言語文化が埋め込まれていると考え、主語が真っ先にくる文型、人称や単数複数などにこだわる特質、時間についての感覚の違いがあるので英語の時制が分かりにくいことなど、「日本語と違う」「だから難しく感じる」「でも面白い」という文法の授業を日本人の生徒向けに模索する必要がありそうです。英語母語話者が英語で説明するのでは時間がかかる上、英語が聞き取れないと理解できないので、日本人にとって難しい文法事項を熟知している日本人教師が、生徒の母語である日本語で説明するのが効率的です。

さらに言えば、英語は文法の例外が多いので、詳しく知ろうとすればいつまでたっても出口が見つからない密林に入り込んだようになるので、国際共通語としての英語として知っておくべき文法知識と、自分が発話する際に支えとなる能動的な文法力の両方を整理して教えることができたら、英語コミュニケーション能力の伸長に役立つはずです。

†文法はコミュニケーションの基礎

最近の日本では「文法」というのは、話す力を阻害する余計な知識のように考えられていますが、文章を組み立てる力がコミュニケーションの基礎になるという例を挙げてみます。

二〇一九年七月に公表された全国学力調査の結果では、小学校で英語活動を体験した中学三年生に対して初めて実施された英語テストの成績が思わしくない、と話題になりました。「英語の発信力が弱い」というのが文科省の総括でしたが、私は別の見方をしました。

正答率が低かった問題はいずれも出題や指示文、採点基準に課題がありました。むしろ、正答率は五九・二%だったものの深刻だと私が受け止めたのは、二つの文章をつなげる接続詞の but を選ばせる問題で、誤答の because を選んだ中三が三五・一%もいたことでした。これは単なる文法問題というよりは、論理的つながりを考えさせるもので、コミュニケーションの基礎となるべき要素です。[20]

ところが、そのコメントが朝日新聞に掲載されたところ、「声」欄に「『誤答』にこそ発想力の芽感じて」と題する投稿が五八歳の中学校教員からありました。「中学生の想像力なら『友人』と『彼』が別人と考え」、「駅で友人に会ったので、(別の)彼に話せなかった」と考えることもある――という主張です。「時間がとれないから(短時間で)駅で友人に会った」と理解する生徒もいる、とも述べています。

どのような状況なのか場面設定のコンテクストを与えないで、短い英文だけから答えさせる設問が妥当でないから生徒は誤解したかもしれないのですが、この一文から判断する術《すべ》を提案したいと考え、私は、次のような意見を投稿しました。

日本語の発想で考えての意見のようですが、これは英文です。英語で he という代名詞を使う時には、必ずすぐ前に出てきた人を受けています。この場合は、a friend of mine「私の友人」です。友人は、ふつう何人もいるので、その中の一人、という意味で最初は不定冠詞のaをつけます。

次に同じ人物について語る際には、he「彼」（女性ならshe）と言い換えます。ここで突然「別の『彼』」を指すことはありえません。直前に出てきたa friend of mineを受けてhim（heの目的格）と言い換えることで、「彼」とは誰かを特定できるのです。これが英語のルールです。

もう一つの解釈として挙げられた「時間が取れないから駅で会った」が可能かどうかですが、英語ではseeという動詞の過去形を使い、「見た」と言っています。もちろん英語のseeには多様な意味があり、「会う」という意味で使うこともありますが、次に続くのはI had no time to talk to him.「話しかける時間が全くなかった」です。話す時間がまるでないとわかっていて駅で会うというのは、論理が矛盾していて不自然です。

英語の接続詞は二つの文を論理的につなげる重要な役割を担っています。三人称単数現在の〝s〟を忘れても意味は通じますが、基本的な接続詞を間違えるとコミュニケーションは成立しません。

この問題に困った生徒には、なぜbecauseはつながりが悪くbutだと筋が通るのかを、代名詞の使い方を含め、丁寧に説明したいところです。

（「どう考えますか?・」『朝日新聞』二〇一九年一〇月二日）

コミュニケーションには話すだけでなく、広い意味では聞くことも読むことも入ります。仮に「話すこと」「やりとり」（interaction）だけに絞ったとしても、話す際のルールを知らなければ「対話」は成立しません。理解されないだけでなく、誤解される恐れもあります。そのルールが文法です。ことばを変えて言えば、「英語をどう組み立てるか」ということになります。そこには当然、論理的なつながりが入ります。

英語番組に送られてくる質問の多くは文法に関してですが、センテンスの構造が分からない、出てくる語句を辞書で調べるだけでセンテンス全体の構文を見落としているなど、基本的な英語の組み立てがつかめないでいる学習者が増えている印象です。英文を「読む」ことが出発点であると、改めて感じます。

その意味で、「話す力」を最重視して、受験生と高校現場を大混乱させてまで大学入学共通テストに民間英語試験を導入し「スピーキング・テスト」に拘泥する必要があるのかは、大いに疑問です（大学入試改革については第9章で詳しく論じています）。

†生きていることば

本書では、「理論」についても議論しました。そして理論とは、決して固定的なものではなく、理論のパラダイムも個々の学説も常に更新されていくことを説明しました。

何であっても、変化して新しくなっていくのは世の常で、ことばも同じです。正しくないとされる使い方であっても、いつの間にか定着してしまいます。「間違っている」「そんな日本語は美しくない」と批判されようと、「今の若者の言葉遣いはなんだ」と慨嘆されようと、めげずに生き延びる新しいことばや新しい使い方は必ずあります。ことばは、まさしく生きています。これは日本語だけでなく、英語もそうです。

そのことを実感させてくれるのは、講師として取り組んでいるNHK「世界へ発信！SNS英語術」です。九年も続いた「ニュースで英会話」の後継番組として始まったのですが、大きな違いは、素材として使う英語にあります。「ニュースで英会話」で使っていたのは、NHKが世界で放送している定時の英語ニュースで、日本語のニュースを国際局が英訳したものです。チェックを経ていますから、きちんとした英語になっています（これはウェブとラジオでは「世界へ発信！　ニュースで英語術」として継続）。ところが「SNS英語術」は、ソーシャル・メディアである Twitter が素材です。世界中の人たちがつぶやいた英語をテーマごとに集めて、説明を加えながら見ていきます。たとえば、#MeTooで集まった英語のtweetを読むことで、セクハラについての世界の人たちの主張や意見が分かります。多様なテーマを毎回取り上げているので、世界ではこんなことが起きているのかと驚嘆します。字数制限があるので短い英文ですが、思わず涙が出るような感動的な内容もあり、吹きだすようなユーモアたっぷりのつぶやきもあります。

そして、つぶやきで使われている英語は、まさに自由奔放に生きているのです。スペルの間違いや文法の誤りなど日常茶飯事。略語や新語が溢れていて、辞書を引いても役に立たないことがあります。それだけ、ことばが日々更新されているという現実があるわけです。

さらに言えば、これまでの「書くこと」と異なり、ソーシャル・メディアでは、読んですぐに反応するので、ほとんど対話に近い形で書いています。欧州評議会は、「4技能ではコミュニケーションの複雑な現実を捉えるには不十分」(CEFR, 2018) だと、「受容」(聞く・読む)、「産出」(書く・話す)、「やりとり」(話す・書く)、「仲介」の7技能を提案しました。「やりとり」のうち、「話すやりとり」は、話し言葉でのやりとり、つまり対話です。「書くやりとり」は、主としてソーシャル・メディアを念頭においています。

語彙や文法が更新されていくだけでなく、「書く」という行為に「やりとり」という新たな範疇が入ったのは、大きな変化です。これは日本語のSNSでも同様の状況なので、これからの「書き言葉」がどうなるかは、日本語でも英語でも目が離せません。

†AI時代に求められる英語力

AI（人工知能）の影響もあります。現在の小中高で教えているような英会話なら、すでに自動音声翻訳機が代わってくれます。AIが人間にかなわないのは、書かれた文章を読んで理解すること、コンテクストを考慮に入れてのコミュニケーションや通訳・翻訳のようです。[21] つまり、これからの人間がAIに負けないためには、文化の違いや状況の違いをふまえて解釈し伝えることのできる言語能力と異文化コミュニケーション能力が問われることになりそうです。

将来的に必要となる英語力は二極化するのではないか、と私は想像しています。大多数の人々は英語をAIに任せ、自分の専門や得意分野に集中することが可能になるので、それほど高い英語力を必要としなくなるかもしれません。

ただし、AIの翻訳や通訳を監視したり修正したりする人間は不可欠です。市販されるようになった小型の自動通訳機を買って試してみた経験では、自分がよく知っている外国語だと訳出の間違いや不適切な使い方が分かりますが、知らない外国語だと正しいのか誤っているのかまったく判断できません。これは危ういことだと思いました。外交やビジネスでの交渉などでは、やはり人間の通訳者・翻訳者が必須です。

ということは、中高では、基礎的な英語をしっかり学ぶことは変わらず必要です。せめて英語くらいは機械翻訳や自動通訳の誤訳に気づいて欲しいからです。その上で、各自の進路によっては自分の専門分野に集中すれば良いですし、英語を専門とする職業の場合は、高度な英語能力が求められて当然でしょう。

付言すれば、これからの世界は、グローバル化により国境を越えて人々が移動する結果、多言語・多文化社会が必然となります。これは既に日本の現実です。世界各国でも、外からやってきた移住者という異質な存在と、どのように折り合いをつけて共存するかが深刻な課題となっています。排斥するのではなく共存することで人類の未来が持続可能になると考えれば、異質性を学ぶ第一歩として外国語学習があるといえます。相互理解は、まず互いの違いを知り、差異に向き合うことから始まります。日本語とは異なる価値観を有する外国語としての英語を学ぶ意義は、その異質性にこそあるように思います。

†自律性を涵養する

外国語学習の目的が、「異質な文化」への窓を持つことであるなら、外国語を学ぶのは生涯をかけるに値するものです。これは複言語主義を標榜する欧州評議会の姿勢でもあります。英語であれ何語であれ、外国語学習は学校では完結せず卒業後も続くとなれば、もっとも重要なことは、学習者が学びを継続できる自律性を涵養することです。

「自律性」とは何でしょうか。一言でまとめるなら、「自らの学習に責任を持つことのできる能力」です。英語を学んでも、日本語とは言語文化的な距離が遠く、簡単に使えるようにはなりません。その時に、学校や教師や環境のせいにするのではなく、自分自身で自分に合った学習方法を見つける努力が肝要になります。英語の達人とされる人たちは、誰しも、ありとあらゆる学習方法を試した上で、自分に合った方法を見つけて努力を重ねています。シャワーのように聞くだけで英語が上達したという人を残念ながら私は知りません。

自分に合った学習方略（ストラテジー）を探しだす力は、自分の学習を客観的に振り返り、批判的に分析するメタ認知能力に深く関わってきます。そのようなメタ認知能力の育成は、すべての教科を通して必要であり、動機付けさえうまくいけば、どの教科でも育成できます。

お世辞にも英語ができるとは言えない大学生が、何かのきっかけで意欲に火がつくと、目を見張るように上達することがあります。この学生に、こんな力があったのか、と信じられないくらいの力を出すようになります。どうしても英語ができるようになりたいという強い動機に突き動かされて、自分なりの勉強方法を工夫して人知れず努力するようになる、という姿を何人も見ています。

問題は、何が動機付けになるのか、本人にも教師にも分からないことです。これまでの心理学の研究では、外的な動機ではなく内在的な動機の方が持続するなど、さまざまな結果が出ていますが、これさえやれば必ず意欲は喚起される、という単純な図式はなさそうです。

大学院生が、この点をテーマに修士論文を書きたいとなり、英語を使う職業についている数名と、彼らを教えた高校時代の英語教員を別々にインタビュー調査したことがありました。ところが、「私がこういう風に教えたから、英語が好きになったのかな?」と教師が推察しても、教え子は全く違う理由を挙げる例ばかりでした。つまり、意図的に何かをしても、それが当たるとは限らず、外れる確率が高いことになります。

「やればできる」と自分に自信を持つ「自己効力感」(self-efficacy)[22]の重要性が指摘され、その通りだと頷くのですが、就職や結婚に失敗して自信喪失のどん底に落ちてから、何かを契機に立ち直り、自己実現に至る例もあります。もともと自己効力感が備わっていたからこそ逆境から立ち直れたのでしょうが、そのような資質は外からでは分からず、生育歴にもよるでしょうから、人間とはこうだ、とひとくくりにはできません。英語学習者にしても、個人差を無視するわけにはいきません。

人間がこれほど複雑なだけに、教育は単純ではありません。教師なり親なり友人なり、誰かの言動で気持ちが動くと、自分もあんな風になりたいと強い意欲が芽生えることがあり、あとは本人が自律して学ぶようになるはずですが、自律性は自由放任とは違います。

協同学習は自律性の涵養に有効とはいっても、学習者中心の能動的な学習を誤解して、生徒や学生たちをグループに分けて話し合いをさせるだけでは学びになりません。協同学習の原点は、「周囲との相互行為を通して、一人では到達できない領域に達する」(Vygotsky, 1978)[23] ところにあります。教師による適切な介入と丁寧な指導があってこそ協同学習は自律性の育成に大きな役割を果たします。

大村はまが、「子供にとって何が幸せといって一人でしっかり生きていける人間に育てられることぐらい幸せなことはない」と語ったのは、生きていく上での「自立性」(independence) のことを指しているのでしょうが、学習においての「自律性」(autonomy) も、本質は同じです。

教える者がなすべきは、自身が研鑽を積んで真剣に学習者と向き合い、彼らに刺激的な知を提供して学びを深化させること、そのような教育を通して自律性を育むこと。国語であれ英語であれ、ことばを教えることも、根本はそれに尽きると信じています。

注

18 Philosophyを哲学と訳した最初の文献は、西周『百一新論』の巻末。『西周全集』（全四巻）第一巻（宗高書房、一九六〇～六六）に収録。

19 FIFO（First In First Out）。もともとは在庫管理の用語。

20 次のような問題でした（全国学力調査「中3英語」問題より）

（　）内に入れるのに最も適切な語を、1から4までの中から1つ選びなさい。

I saw a friend of mine at the station, (　) I had no time to talk to him.

1 if　2 or　3 but　4 because

21 新井紀子『AI vs. 教科書が読めない子どもたち』東洋経済新報社、二〇一八年。中村哲編著『音声言語の自動翻訳――コンピュータによる自動翻訳を目指して』コロナ社、二〇一八年

22 Bandura, A. (Ed.), *Self-efficacy in changing societies*. Cambridge University, 1995.

23 Vygotsky, L.S., *Mind in society: The development of higher psychological processes*. Harvard University Press, 1978.

第9章

大学入試改革を考える

鳥飼玖美子／苅谷夏子

大学入試改革における国語と英語

鳥飼玖美子

†大学入試改革の実態

令和元年となった二〇一九年の日本では、原子力発電、日米安保と沖縄の基地、高齢化社会の医療・介護・年金、保育園不足、女性差別（選択制であっても夫婦別姓を認めない、国民健康保険が個人ではなく世帯単位）等々、重要な問題がいくつも未解決なままですが、教育が社会問題となりつつあるのも特徴と言えます。その象徴的な例が言語教育改革と大学入試改革です。「言語」教育改革とは、英語と国語を指しています。国語と英語の教育が大きく変わりつつあることと大学入試改革は密接な関係を持っていて、どちらも深刻な問題を抱えています。

大学入試の改革は、「高大接続」が主たる理由となっています。国語や英語だけでなく、各教科において、これまでのような知識偏重ではなく、「思考力・判断力・表現力」「主体性」を育成することが教育の目的となり、そのような初等中等教育の改革を実現するには高等（大学）教育も変わるべきだという発想で、高校と大学の接続が求められるようになりました。そもそも、基礎的な教育を積み上げていく小中高までと、専門分野で新たな知を探究する大学とでは使命が異なるので、その両者を「接続」するにあたっては教育的視点から論議を尽くすべきでしたが、高校と大学をつなげるのは当たり前という漠然とした理解のまま、入試を変えれば高大接続になるという安易な発想で全てが始まってしまいました。

具体的には、これまで努力を重ね成果をあげてきたセンター入試を、さしたる理由もなく廃止し、二〇二一年度大学入学者選抜からは「大学入学共通テスト」を開始することに決めました。

目玉は、国語と数学で導入する「記述式問題」と、英語に民間試験を入れることです。

ところが二〇一八年に実施した記述式問題のプレテストでは、試験の意味がないほど正答率が低いことに加え、受験生の自己採点が難しいことが判明しました。これまでのセンター入試で受験生は、自分で採点した結果を元に志望校を決めていたのですが、記述式問題では、正解が一つとは限らないので、自己採点と一致しないことがあり得るわけです。

国語の記述式問題の採点は、ベネッセグループの株式会社・学力評価研究機構が落札（二〇一九年八月三〇日）、落札額は約六一億六〇〇〇万円（委託期間は二〇二四年三月末まで）です。[24]採点者が一万人程度は必要になるので、大学生アルバイトに採点させることを文科省が容認した、との情報に騒然となりました。

これまでのセンター入試では、大学入試センターが責任を持って厳正かつ厳密な採点を実施してきており、会場を提供する各大学の教員は試験監督をするだけでした。それが二〇二一年一月の新大学入学共通テストでは、大学教員は当日の試験監督をするだけなのに、大学生が採点業務をするという異様な状況になります。

各大学の個別入試でも、問題作成と採点は、厳重な守秘管理のもと、大学教員が多大な時間とエネルギーを注いで行っています。学生アルバイトを使うのは、当日の試験監督の補助くらいです。それほど入試という学生選抜は大学にとって重要なことなのです。大学生に採点させるという安直さに世間が絶句したのは当たり前です。

センター入試の受験者は五〇万人を超えているので、記述式問題の手作業での採点を二〇日間という短期間ですませるとなれば一万人の採点者が必要だというのは、最初からわかっていたはずです。民間業者なら何とかするだろうと考えていたのなら、国として無責任と言わざるをえません。

†英語の民間試験

英語の民間試験導入は「延期」という政治判断になりましたが、「中止」ではないので、根本的な課題は残ります。

「4技能」（読む・聞く・書く・話す）を測定することが選抜試験で本当に必要なのか、これまでのセンター入試は「読む・聞くの2技能」だと切り捨てられたけれど「総合的」な英語力を測定していた、そもそも「話す力」を正確に測定するなど無理なので入学選抜に使うべきではない、大学入学後に指導できる、など根本的な議論のないまま、「4技能」が問答無用の錦《にしき》の御旗《みはた》になりました。

「4技能」とはいえ重視されているのは「話す力」で、大学入試センターによるスピーキング・テストの実施が困難なので、民間業者に委託するとなりました。しかし、「話す」ことというのは、話している相手、状況などのコンテクストによって変わりますし、ましてや外国語でのやりとりとなれば、文化的な差異も大きく影響します。「話す力」を判断するのは一般的に考えられている以上に難しいのです。それをなんとか測ろうというわけですが、「話す力」の何を測定するのか、採点基準は明らかになっていません。文法の正確性を測るのか、発音の良し悪しをみるのか、ともかくよどみなくしゃべれば良いのか、採点基準によってスコアは違ってきます。採点者によって評価がばらつくことも不安材料です。

国語の記述試験と同じく、短期間に採点しなければならないことに加え、スピーキング・テストの採点を海外で行う事業者も複数あります。採点は英国で、と公表している団体もありますが、「アジアを含めた世界のどこか」としか明らかにしない民間業者もあります。そして一体どのような資格を有した人間が採点するのか、業者によっては、詳細を公表していないことから、公正性や透明性が問題です。

英検は、試験官の不足から従来の対面型面接を断念し、障害のある受験生以外は、新規に開発したコンピューター試験（ＣＢＴ、Ｓ‐ＣＢＴ）[25]にしました。ところが、二〇一九年九月八日に全国七会場で実施した英検ＣＢＴの二級リスニング・テストで、システム・トラブルが起きました。七四四人の受検者中、計五二人のパソコンが動かなくなり、試験が途中で中止されたのです。大学入学共通テストでは複数の民間試験がパソコンやタブレットを使う予定で、改めて不測の事態が懸念されています。パソコンにしてもタブレットにしても、いずれも入力して保存されたデータを聞いて採点するので、音声データが見つからない、誰のデータか分からない、雑音が入って採点不能などの事故が一定の割合で発生することはありえます。全国学力調査で試行されたスピーキング・テストでも起きており、民間業者なら大丈夫、というのは希望的観測に過ぎません。重要なのは、事前にトラブル発生を想定して対応策を練るなど、文科省が責任を持って危機管理を行うことです。

課題は、それだけではありません。パソコンなどで入力されたデータを聞いて大勢の人間が短時間で採点するとなれば、時間的制約が大きいこともあり、「採点しやすさ」を目指す出題となります。そうなると、本来のコミュニケーション能力を評価することなどできません。「考える力」を測るはずの記述式問題が、採点しやすいように正解が一つしかない出題になれば、「記述」の意味がなくなるのと同じです。

これまでも多くの大学が英語民間試験を活用しているという事実はありますが、各大学がそれぞれの考えで各種の民間試験から妥当なものを選んで活用するのと、五〇万人が受験する国による選抜試験に利用するのとでは意味が違います。英語民間試験の点数を国立大学の「出願資格」とすることは、英語の結果によっては国立大学を受験できないことになります。それでは優秀な受験生を失うことになると考え、東京大学、京都大学、東北大学、名古屋大学、北海道大学など幾つかの国立大学では「合否判定には使わない」「活用しない」という結論を出したのです。

†民間試験の弊害

英語の場合、最初の三年間は民間試験と大学入試センターが作る試験（筆記とリスニング）の両方を使い、その後は確定ではないものの民間試験のみという予定でした。

目的も内容も難易度も受検料もバラバラな民間業者が当初は八種類も認定されましたが、忘れてならないのは、各種の民間試験は、同一のテストを受けた受検者の英語能力を比較する標準試験なので、どのような英語教育を受けてきたかを考慮するわけではないことです。その点で、学習指導要領に基づいた英語教育で学んだ成果を測定しているセンター入試とは根本的に異なります。さらに、民間試験は、標準テストという仕組みから、試験問題を公表しない点も、大学入試センターの試験とは違います。

二〇一九年七月になってＴＯＥＩＣ（国際ビジネスコミュニケーション協会）が、大学入学共通テスト「大学入試英語成績提供システム」への参加を取り下げる、と発表しました。「受験申し込みから実施運営、結果提供にいたる処理が当初想定していたものよりかなり複雑なものになることが判明」「責任を持って各種対応を進めていくことが困難であると判断[26]」したというのが理由です。

大学入試では、何重にもチェックし最善を尽くしたつもりでいても出題や採点のミスやトラブルが発生することがあります。民間試験でそのような事態が起きても、「民間事業者等の採点ミスについて、大学入試センターや大学が責任を負うことは基本的には想定されません」というのが文科省の見解です。

大学入試センターほどの厳正さを実現するのは、経費も手間も並大抵のことではありません。共通テストの一環であるなら、民間事業者任せではなく、文科省が責任を持って危機管理を行なうのは当然でしょう。

†「利益相反」の疑いも?

民間試験事業者については、試験実施団体でありながら、対策本を販売し対策講座で収益をあげるなど、「利益相反」の疑いも指摘されています。担当部署が別だとしても同一業者であることに変わりはありません。道義的問題はないのでしょうか。

民間試験によっては、当初の約束に反し、高校を会場に使う準備をしている事業者もあります。高校教員が試験監督で教え子たちが受験生という構図は、模擬試験ならともかく、大学入試としては考えられない措置です。

教科書会社と学校との癒着を厳しく戒めていた文科省が、大学入試については、民間事業者に「お願い」するだけです。どうして監督官庁としての責務を果たさないのか解せません。

高校現場は、大学入試を無視できないので、民間業者に依存することになり、依頼されれば試験会場を提供し高校教員が試験監督を務めるなど協力せざるをえない状況にあるようです。保護者や生徒の要望に応えて、英語の授業では民間試験の対策指導を行い、練習のための模擬試験に授業を潰すなども稀ではありません。すでに高校英語教育は民間試験対策に変質しつつあります。かつては、受験勉強が高校教育をゆがめていると批判されましたが、今や、民間試験対策が高校教育をゆがめることになります。

新共通テストに反対する緊急シンポジウムには多くの教員や保護者に加え高校生も参加しました。そのうちの一人が「僕は高二で教員志望なんですけど、英語教員になると民間試験対策の問題集をやるような授業をさせられるのかと思うと、ちょっと……」と発言したのが、胸に突き刺さりました。

†民間試験の「格差」問題

民間試験については「格差」の問題も深刻です。英語民間試験は高校三年の四月から一二月に二回受けることになっています。試験会場がまんべんなく用意されるわけではないので、地域によっては遠方まで出かけなければならず交通費や宿泊費がかかります。文科省は批判に応えて対応を発表しました。離島・僻地《へきち》に在住または経済的に困難な生徒が、高校二年生で英語民間試験（認定された七種類）を受け「CEFR対照表のB2以上の成績を取得した場合、高校三年の四月から一二月の二回に代えて、その結果を活用することができる」という条件付きのものです。CEFRの対照表の民間試験レベルは、それぞれの事業者が自分で決め、時々基準を変えたりもする恣意的なものですが、B2は一応、英検準一級レベルとされているので、「準二級」に達していない高校三年生が多い現実をふまえると、レベルが高すぎて救済にはならないとの見方がもっぱらです。

そのような「地域格差」だけでなく、日本全国で「経済格差」が受験生を直撃します。これまでは大学入試センターに検定料、志望大学に受験料を払えば済んでいたのに、新共通テスト[27]では、民間業者に受検料を払うことになっていました。二回受ければ二回分の受検料が必要です。浪人した場合に備えて予約金三〇〇〇〇円を求め、しかも合格した場合も返金しない、と発表した英検が受験生の怒りをかったのも頷けます。その後、九月下旬になって、新文科大臣の要請により返金することになりましたが、返金申し込みの期間が限定されていることや手数料を取ることについて、不満はおさまっていませんでした。

高校三年生の間に二回受検できるとなっているので、高校生は最低でも高校三年の二回、できたら高校一年から何度も受けて練習し慣れておきたいと考えるでしょうが、民間試験は一回に六〇〇〇円前後から二万数千円の受検料がかかるため、保護者の経済的負担は大きくなります。結果として裕福な家庭では子どもに何度も業者試験を受けさせ、対策本も買い、対策講座に通わせてスコアを上げることが可能になり、そんな余裕はない家庭の受験生との格差が大きくなります。経済的に苦しい家庭なので国立大学を希望していたけれど、英語民間試験の出費を考えると大学進学を諦めるしかないという高校生もいました。

国立大学協会が十分な議論をしないまま民間試験の活用を決めてしまった為、各国立大学は対応に苦慮しました。東北大学や北海道大学のように「活用しない」と明言した大学もありますが、東京大学は「活用する」としながら「合否判定には使わない」としました。出願要件にする大学や加点だけする国立大学もあります。「A1」という最低レベルを入学要件にした大学に対しては、民間試験を受ければ良いだけというのは受験生の為ではなく業者を儲けさせることに加担していると、見識を問う声もあります。

†民間試験導入への批判の高まり

英語民間試験の利用について二〇一八年後半から、制度の不備に困惑した受験生、保護者、教員たちがSNSなどで実態を共有して批判を強め、報道も増え始めました。二〇一九年六月には、専門家たちが国会に「英語民間試験利用中止」の請願書を提出しました。衆参両院それぞれ八〇〇〇筆を超える署名が集まりましたが、与党議員の賛同を得られないまま国会の会期末となり「審査未了で保留」となりました。ところが本格実施が近づいても民間試験の詳細が確定せず、全国高等学校長協会は文科省に対し「不安の解消」を公式に訴えました。しかし一向に改善されないことから、二〇一九年九月には「英語民間試験の延期と制度の見直し」を文科省に要請する異例の事態となりました。

八月に入ると、柴山文科大臣（当時）が「サイレント・マジョリティは民間試験に賛成」とツイートしたことで「黙っていると賛成だとされてしまうのですか？　私たちは反対です」と高校生も参加して、毎週金曜日に文科省前で抗議を行うようになりました。九月二七日（金）には国会内で「野党合同ヒヤリング」が行われ、高校生や保護者が民間試験の中止を訴えました。東京大学で一〇月一三日に「新共通テストの2020年度からの実施を止めよう！　緊急シンポジウム」が開催された頃には、障害のある受験生に対する配慮が民間試験では十分でないため「障害者差別解消法」違反の疑いも指摘されるようになりました。そして一〇月二四日には、「民間英語試験導入延期法案」が衆議院に提出されるに至りました[28]。

萩生田文部科学大臣は、英語民間試験について一〇月一日の閣議後会見で、「初年度は精度向上期間」と述べ、「受験生を実験台にするのか」と反発されました。一〇月二四日のBSフジ「プライムニュース」では、家計状況や居住地による不公平性について問われ「自分の身の丈に合わせて頑張ってもらえば」などと発言し、「教育の機会均等を無視し、格差を助長する」と批判が殺到。二八日に謝罪し二九日には発言を撤回しましたが、英語民間試験制度の本質が露呈されたことになり、一一月一日朝には「延期」を発表しました。共通テストで民間試験を使うためのID申し込み開始初日というギリギリのタイミングで、何年も前から制度の危うさを指摘されながら、受験生を振り回した結果となりました。

高校で新学習指導要領が施行される二〇二四年度からの実施を目指すとの説明ですが、民間試験ありきでは採点の公正性など根本的な問題が解消されないので、小手先の解決策ではなく、大学入試センターの英語試験で4技能を総合的に測る方策を検討するなど、抜本的な見直しが必須です。さらに国語と数学の記述式問題にも深刻な懸念があるので、受験生を犠牲にしないよう、「共通テスト」の再検討が求められます。最優先すべきは未来を担う次世代を分け隔てなく大切に育てることです。公平・公正な選抜を実施するにはどうしたら良いのか、大学入試は何をどう測るべきなのか、そもそも「思考力」「表現力」「言語力」とは何か、などを教育的見地に立ち返って議論するべき時がきていると考えます。

†アメリカの入試の経済格差問題

入試をめぐる経済格差は、アメリカでも問題になっています。

米国の高校は州ごとに教育内容が異なるので、大学入学にあたっては、SAT（大学能力評価試験）[29]もしくはACT（American College Testing Program）のような標準試験を受けて大学進学に適した学力があるかを証明します。多くの大学で必要とされるSATは、二〇一九年五月、「受験生を取り巻く劣悪な環境を点数化してスコアに加え、各大学に提供する」と発表しました。受験生が住んでいる地域の犯罪率や貧困率、家庭の収入、通学校の教育環境などの adversity score（逆境スコア）を、一から一〇〇までの数値で表すというのです。正式には、“Environmental Context Dashboard”と呼ばれます。

受験生には開示されませんが、各大学の入試センターに提供し、合否判定の材料に使ってもらうことで、たとえSATスコアが低くても、その点数の陰には受験生が置かれている状況があると知らせることが目的だ、とSATを運営する College Board（米国大学協議会）は説明しています（ABC News “America This Morning”, 2019. 5. 17）。

この決定の背景には、有名女優二名を含む少なくとも五二名が、子どもを一流大学に入れようと巨額のお金を使ったとされ、二〇一九年三月に告発された事件があります。賄賂を使い、SATなどの学力テストで替え玉受験をさせたり、誤答を正解にこっそり直してもらったり、学習障害を装ったりした不正が二〇一一年頃から続いていたのが暴露され裁判になったのです（有名女優一人は九月に実刑判決）。もともと「SATは富裕層でのスコアが高い」という批判が根強かったので、改善を余儀なくされたようです。

ちなみに、College Boardは一八九九年に設立され、非営利教育機関としてSATなど各種の標準試験を運営していますが、報道では、「College Boardはテストで儲けている民間企業だから、今回の事件で収益が下がるのを恐れて、こんな措置を打ち出したのだ」という批判があります。この不正入学事件の首謀者として逮捕された人物は、民間の大学受験予備校経営者でした。いずこも、大学入試のあり方は曲がり角にきている印象です。

注

24 『日本経済新聞』（電子版）二〇一九年八月三〇日

25 英検CBT®は誰でも受験可能。リスニング、リーディング、スピーキング、ライティングの4技能をコンピューターで受験。英検1day S-CBTは、大学入試英語成績提供システム対応で、高校三年生と既卒生が受験可能。スピーキングはコンピューターに録音。他の3技能はコンピューターの画面を見て解きますが、解答は紙に記入。

26　一般財団法人国際ビジネスコミュニケーション協会「「大学入試英語成績提供システム」へのTOEIC Tests 参加申込取り下げのお知らせ」二〇一九年七月二日プレスリリース
27　二〇二一年度大学入学者選抜に向けた初の大学入学共通テストは二〇二一年一月実施。しかし当初の予定では、前年に英語民間試験を受けなければならず、実質的に二〇二〇年四月から入試が開始。共通ＩＤの集中発行申込期間は二〇一九年一一月一日〜一四日であった。
28　正式名称は「独立行政法人大学入試センター法の一部を改正する法律案」。衆参両院でそれぞれ共同会派を組む立憲民主党、国民民主党、衆院会派「社会保障を立て直す国民会議」、社会民主党、共産党が議員立法として提出。
29　もともとは、Scholastic Aptitude Test の略称でしたが、一九九〇年に Scholastic Assessment Test に変わり、現在はＳＡＴが使用されています。

試験について根本的に問いなおす

苅谷夏子

†入学試験が教育の目的でよいのか

前節で大学入試にかかわる重大な問題点がいくつも明らかになりました。多くの批判が噴出し、英語の民間試験利用は見送りとなりましたが、二〇一九年一一月一〇日現在、出口はまだまったく見えない状況です。ここではまた別の角度から試験について考えてみます。

試験は、大きく二種類に分けられます。一つは健康診断や性能試験のように状態を把握し、改善のヒントを得るための試験。これを試験Aとでも名づけましょう。もう一つは、選抜のための試験です。現実的な必要に迫られ、条件の良い一定数を選び出すために「ふるい」にかけるための試験です。これを試験Bとします。

AとBは同じように試験と呼ばれますが、目的が違います。Aは良い結果が並べば大喜びで、また、隣の席の人と数値を比べる必要はありません。一方、Bは「ふるい」として の機能という目的があるので、集団の中での差を明示するようにデザインされます。全員

が九〇点以上に密集しては困るのです。ここにBのタイプの試験の根源的な問題がありま
す。

入学試験はBです。入試の場合はさらに条件が加わります。解答のための時間制限に始まり、採点にかけられる時間・人手・経費、公平性の明示など、どれも大変厳しい条件です。非常に限られた条件のもとで実行可能で、なおかつ、しっかりと差が付く試験であることが要請されているのです。

さらに悩ましいことには、学力というものを測ることは、そもそも非常に難しい、という事実があります。かつてのように、社会が知識の量を重視するなら、それを測ることは比較的容易にできたかもしれません。けれども、学力を幅広く捉えようとする現代にあっては、ペーパーテストでは容易に測ることができない力――たとえば、思考力、判断力、表現力はもちろん、コミュニケーション力、聞く―話す力、応用力、発想力、決まった答えのない問いに向かっていく力、等々――がこれまで以上に重要と見なされ、そしてそれらの力は単純な問答では測りがたいものです。とりあえず測れるものを測る、測りやすいものを測る、ということになっているようです。

その上、この情報化社会の中で、入試のデータはすぐに広まり分析されますから、試験問題は使い回しなどできるはずもなく、毎年毎年、新しい問題を作りつづけなければなら

ない、という困難まで背負っています。

　そんなふうに非常に便宜的で、現実面の制約を大きく受けたものであるにもかかわらず、試験はほぼ無条件に正当性を与えられ、選抜の結果は受け入れざるを得ません。そしてその成績を良くするにはどうしたらいいか、と注力するようになる。入学試験が、学校現場に影響を与えるさまは、おおかたの想像以上でしょう。文部科学省も、大学入試を変えることで高校教育を変えようとしている、と言われます。「この入試で好成績を取るように教えなさい」ということでしょう。

　試験がそもそも種々の現実面の制約に縛られた、便宜的なものでしかない以上、学校現場は、本来的とは言えない便宜的な目標を目標として掲げてしまっていることになります。私は、このこと自体が根本的な問題だと思われてなりません。

　たとえば、大学入学共通テストの国語に新しく導入の決まっている記述式問題について考えてみましょう、五〇万人を超える受験者が受ける試験で、二〇〜三〇字、四五〜五〇字、八〇〜一二〇字という記述式問題が出るといいます。採点は四〜五段階で行われるそうです。短期間に五〇万を超える答案を採点するために、驚くほど多数の採点要員（アルバイト）を集め、事前に綿密な研修を重ねて、なんとかして公平な採点を実現するのでしょう。

膨大なコストとリスクを背負って、それがうまく実行できたとして、果たしてこの記述式問題は若者の主体的な判断力や表現力を育てることに、本当につながるでしょうか。採点のポイントを的確に押さえ、減点されないような答案を書く、という保守的な、従属的な書き手を生むだけなのではないか。最大一二〇字と言われる字数は、この新書でいえばたった三行ほどです。点を取りたければ、おとなしく堅実な答案を私だって書くことでしょう。主体的などということは、きっとどうでもよくなっているだろうと思います。

大学進学に必要な「書く力」というものを、そんな形で測れると考えるのは、実に納得のいかないことです。その上、高校がこの変更に対応するための教育を強化するなら、きっとマイナスの方が大きいでしょう。受験者五〇万人の試験で点の取れる一二〇字の文章を書く力とは、一人の若者にとって果たしてどれほど意味のあるものでしょう。

†「力をつけること」を目標にする

入試制度、入試問題が良くなっていくこと、それはもちろん重要なことです。実際、良い問いは考えることを促し、人を伸ばす契機となり得ます。けれども、どれほどそれらが改革されたとしても、宿命的に入学試験は便宜的なものでしかないでしょう。だとすれば、個々の教室の取り組みが、試験とのつきあい方を変えるという根本的な軌道修正をすることこそ、考えるべきではないか。そういう見方をしたのが、大村はまでした。

受験対策とまったく異なる姿勢で教えつづけた大村は、受験戦争ということばが生まれた時期に保護者から苦情を受けたこともかなりありましたが、「力をつけること、それ自体を目指して勉強していけば、試験くらいちゃんと対応できます。大は小を兼ねます」と断言していました。さまざまな力を育てることをしっかりと狙った学習を幅広く、確かに積み重ねておけば、ある日ある時、試験に臨むことになっても、育った力が発動する。たとえば応用力という面では、応用問題の練習をすることで対応するのではなく、学んだことを応用するということ、それ自体を鍛えていくという考え方です。

先頃の大学入学共通テストのプレ試験で、国語では駐車場の契約書が取り上げられ、驚きの声が上がりました。確かに驚くべき設問でしたが、語彙力、読解力が育っていれば、初めてその種の書類を見たとしても、戸惑いつつも読み解けるはずです。大は小を兼ねるとはそういうことです。批判力、コミュニケーション力のようなものも、そういう発想の中でこそ育つでしょう。育った力（大）で試験（小）に臨む。それが、教室と試験との本来的な関係なのではなかったでしょうか。それでも試験Bは人を選抜しつづけ、差は差として残り続けますが、力をつけること、それ自体をめざして勉強してきた生徒には「力」という財産が残ります。

†試験は力を育てることにつながっているのか

そういう大村教室でも、期末試験などは実施されましたが、それは試験Aでした。診断のための試験、勉強の方針をたてるための試験、力の伸びを確認するための試験です。あくまで個人のための試験であり、集団の中での偏差値はたいした意味を持ちませんでした。

大学入試、高校入試などに限らず、小学校の頃から、子どもはテストで良い点を取れば喜び、悪ければがっかりし、叱られ、集団の中での序列を意識します。試験で測られる力が学力だと思うようになり、それが、勉強というものを規定する枠組みとなっています。目の前の「このテスト」が何を測ろうとしているのか、実際に測り得ているのか、測ることと力が伸びることはどのような関係にあるのか、それは不問に付していることがほとんどでしょう。そういう姿勢で学ぶことが、力を育てることに確実につながっているか。学ぶため、力を身につけるため、教えるため、正面から根本的に問うことが重要な一歩だと言えるでしょう。

第10章 徹底的に読み、書き、考える——ことばの力の鍛え方

苅谷剛彦

†大学教育改革

これまでの章では、とくに学校段階を特定せずに、「ことばの力」について、日本語、英語という二つの言語を中心に議論が行われてきました。この章では、教育段階の最後の部分にあたる大学に焦点を当てた議論を行います。この本では、前の章にあったように、大学入試のことも関心に上っています。それに加え、高校までの教育を通じて「ことばの力」が鍛えられたとしても、今や半数の若者が進学する大学教育という現実を前にすれば、日本の大学で「ことばの力」がどのように鍛えられるか、そこにはどのような問題があるのかは、将来の日本の社会全体の「ことばの力」の行く末を考える上で、外せないテーマだと考えるからです。

近年の日本の大学教育においては、大学のグローバル化への対応が急務とされ、「スー

パーグローバル大学支援事業」のような、研究の国際化のみならず、留学生の受け入れや日本人学生への海外留学の奨励、英語を教授言語とする授業の増加、外国人教員の雇用といったことが進められています。しかもグローバル化に対応できる「グローバル人材」の育成では、「語学力・コミュニケーション能力」に加えて、「主体性・積極性」といった資質が重視されています（文部科学省・教育再生実行会議等の答申参照）。語学力といっても実質は英語中心です。その意味で、国語と英語という本書のテーマと密接に関係しています。

そのような昨今の教育改革の動向（とくにグローバル化対応）を視野に入れながら、ことばの力の育成という課題について考えていきたいと思います。

†詰め込みからアクティブな学びへ

小学校から大学まで、今の日本の教育で強調されるのは、「アクティブ・ラーニング」という流行語が示すような「アクティブ」な学びのようです。知識の詰め込みのような「受け身」の学び方ではなく、その正反対にある（とはいえ内容の曖昧な）学び方が奨励されています。第9章で鳥飼さんが指摘した、昨今の性急とも思える大学入試改革などにもその影響が現れています。また、国語にしても英語にしても、「対話的な学び」や探究学習での成果の発表（「プレゼン」と省略されて言われます）、英語のスピーキングの重視に見られるように、どちらかと言えば、発話という外から見えやすい、それだけにアクティブに見える、口頭によるコミュニケーションを重視する傾向があるようです。あるいは、そのように表層的に受けとめられていると言えるのかもしれません。

その一方で、「深い学び」が重要だとも言われています。ですが、それが教室のレベルで具体的にどのようなものになるかを理解するのは、簡単なことではありません。文科省の政策文書やその解説などを読む限り、具体性に欠ける、（エセ）演繹型の思考で分かったつもりになるレベルに留まっています。「深い学び」の理解が不十分になり、「主体的」と「対話的」が表層的な理解にとどまってしまうと、口頭によるコミュニケーションを重視する教育は、そのそもそもの目標を達成するには至らず、かえって、ことばの力の育成を妨げるものになってしまう可能性があります。

たとえば、今回の英語教育の改革では、リスニングに加え、スピーキングのスキルまでを大学入学共通テストで測定しようという目標が加えられました。ここには、大学入試の改革を通じて、高校以下の教育に影響を与え、オーラル・コミュニケーションのスキル強化に英語教育の重心を変えていこうという強い意志が見られます。そのようなときにしばしば指摘されるのが、日本人は中学校から大学まで英語を学んだ結果、読み書きはできるが、話し、聞くことは得意でないといった通説です。知識の詰め込みの典型ともみなされる英文法や、英単語の暗記に支えられた英文読解の分が悪く、それらをいくら学んでも実用的な英語力にはつながらないといった批判がその背後にあります。スピーキング＝発話という、アクティブに見える側面を評価に取り入れることで、口頭によるコミュニケーション能力を育成しようというのです。その問題点については、すでに本書で鳥飼さんが的確に指摘しています。

他方、国語においても、「主体的な学び」に関係する資質の育成が強調されています。第9章でも指摘されていますが、その一例が、二〇二〇年度から始まる新しい大学入学共通テストです。大学入学志願者のおよそ五〇万人が受験する試験です。この大学入学共通テストの「国語」において、記述式問題の導入が決まりました。「思考力・判断力・表現力」を記述式で評価することで、知識の詰め込みに終わらない能力の育成が期待される、といわれています。高校では、すでにそれを目当てに、記述式問題への対策として、文章を書くことに焦点を当てた指導が始まっているようです。

大学入試センターが発表した記述式問題のねらいの「解説」には、読んだテキストをふまえて、「発展的に自分の考えを形成する」力を測るとあります。八〇字から一二〇字で解答する記述式です。しかし、第9章の指摘にもあるように、実際の問題例やその模範解答例を見ると、ここでいう「自分の考え」とは、読んだテキストの言い換えにすぎません。

そこで求められる思考力も、文科省が記述式問題で脱しようとしている正答主義の域を出ないのです。自分の個性や主体性を発揮した答えが求められるわけではなく、書く中身が問われるにしても、自分なりに独創的に考えた内容を、それにふさわしい表現形式に合わせて書くこととはほど遠いのです。

なぜそのようになるかといえば、その目標とする理想は別として、実態として五〇万人近い受験生の記述式の答案を短期間で採点することが事実上不可能だからです。報道によれば、この記述式問題の採点に、学生アルバイトを含めることを文部科学省が認めたといわれます。機械採点のできない記述式問題に一万人の採点要員が必要だからです。学生アルバイトにも採点できる記述式問題が、主体的で独創的な内容を評価できるものになり得ないのは当然です。その結果、読んだテキストの的確な読み取りと言い換えができているかどうかを測る問題しかできないのです。

そのような問題でも、これで入試の公平さが保証されるのかという批判が寄せられています。採点者が誰であれ、採点にズレが生じることは避けられないのですが、それをできるだけ回避しようとすれば、改革者の意図とはかけ離れた記述式の出題に終わってしまうのです。このような問題例が示されれば、その対策として行われる記述式問題への準備は、他者の書いた文章を、的確に理解し、的確な表現形式を用いて言い換える練習になるでしょう。それはそれで基礎的な言語能力ですが、どうやら、「発展的に自分の考えを形成する」力には結びつきそうにありません。ことばの力を育てるにはどうすればよいかという本書の主題から見れば、なんとも皮肉な結果です。

入試改革の問題は、すでに鳥飼さんが言及しているように、英語にもあてはまります。4技能のうちスピーキングについては現状のセンター入試では対応できません。そのために、文科省は民間業者を使った入試に移行することを拙速に決めました。しかし、ここでも公平な評価ができるのか、さらに、そのような改革によって実際に高校までの英語教育が望ましい方向に変わっていくのかには大きな疑問符がつけられています。

✝書く力

ところで、英語であれ日本語であれ、私自身の経験では、一番むずかしいのが「書く」です。語彙の面や文法的に間違いのない正確な文章を書く能力がまずは求められることはいうまでもありません。日本語でも英語でも同じです。日本語を母語とする私たちが日本語の文章を書く場合には、その意味での正しさは大前提で、その上で、どのようにわかりやすく、しかも説得力のある議論が展開できているかが、文章を書くというスキル育成の目標になるのでしょう。文章力の巧拙が問われるのは、書かれた文章が読み手に、何を、どのように、伝えるかが問われるからです。

文書の内容＝中身にまで踏み込めばなおさらのこと、書くという行為には、日本語であれ英語であれ、文章を文字として表現する以上のことが含まれています。情報や知識であれ、感情であれ、何かの描写であれ、書かれた文字を通して、それを読む人々に伝える「内容」をどのように言葉にのせるか、ということと、そもそもその「内容」の中身を言葉としてどのように思いつくか、考えつくかということの両方を含むのです。内容と表現とは分かちがたく結びついています。その両方を私たちは、ことばの力を借りて考えているのです。

私たちがそうしたことばの力に頼っていることは、口頭でのコミュニケーションと比べ、書くときにより一層意識されます。話すときとは違う、時間のかけ方、一旦表現され目の前にある文章（内容と表現）をみながら、次の内容と表現を言語化していくという過程に意を用いるということです。そのような、より反省的な振り返りが、何かを書くという過程には組み込まれています。推敲とは、単に文章の誤りを正すことではなく、内容と表現とをどのように結びつけたかを振り返りながら、考えを深めた内容をすこしでも読みやすい、しかも伝達力という点で効果的な文章にしようとする過程にほかなりません。書きながら考え、あるいは考えながら書くということが、内容と表現とを意識してものを書くということなのです。口頭のコミュニケーションではできない思考力の発揮であり、思考力の鍛え方です。

このレベルで捉え直してみると、頭の中での考えと言葉（表現）との行ったり来たりという反省や振り返りをどれだけ上手く使いこなすかが、ことばの力の重要なはたらきになることが分かります。それは、論理的な文章だけに限らず、気持ちや感情の表現の場合にも含まれる思考の力です。

もちろん、思ったまま、感じたままの表現にも、功を奏するときがあるでしょう。詩人や小説家などの才能溢れる人たちの表現には、思ったまま、感じたままをインパクトのある表現に変える力がそなわっているからです。いや、そもそも、その思うことと感じること自体の感性が人並み以上に研ぎ澄まされているといえるのかもしれません。

そのような例外はあるものの、多くの場合、私たちが他者に伝えようとする文章を書く場合には、前述の反省的な振り返りが重要な役割を果たします。もっといえば、後述の通り、振り返る過程自体が、ことばの力をつける上での貴重で有効なトレーニングの機会になるのです。その点で、同じように「書く」とはいっても、ツイッターやネット上でのやり取りとは異なります。SNS上での「書く」は、ほとんど話すのと同じような即時的なコミュニケーションを特徴とするからです。

このように見ていくと、書くということがいかに難しいか、わかるでしょう。英語の場合、中学生レベルの単語力でも通用するといわれますが、そのような文章は、意味は伝えられても、英語を母語とする教育を受けた大人から見れば、稚拙な表現にすぎません。留学や仕事で使うレベルの文章力とはいえないのです。

†書くことの基礎は思考力

さらに、第6章で鳥飼さんが指摘した、段落ごとの意味のまとまりについても、段落間の論理展開についても、習熟していなければ、論理的な文章（論文やレポート）は書けません。とくに英語圏の大学で学ぼうと思ったら、最低限、そのようなレベルの英語で「書くスキル」が要求されます。その上で、表現上の最低限のスキルに加えて、内容＝中身の価値が問われるのです。

この点では、実は日本語でも同じです。日本語が書けるといっても、内容と表現をどのように結びつけるか。それを効果的に結びつけるには、母語である日本語でも、深く「考える」ことが必要となります。表現形式に加えて、ここでも中身が問われるのです。いや、内容のある事柄を効果的に伝えるために求められる表現形式は、「正しさ」＋α《アルファ》の、αの部分が大きいのです。

日本で義務教育を終えた人なら、誰でも日本語は書けるでしょう。それでも優れた文章と劣った文章のちがいはあります。当然、そこには書かれた内容の価値も含まれますし、内容が持つ価値を引き立たせるための表現方法の習熟ということも求められます。思考の力がその基礎にあるのです。しかも、多くの場合、思考の力は、ことばの力に大きく依存します。音楽や美術、身体表現などの文章や言語によらない表現手段もありますが、「書く」といった言語表現では、ことばの力＝考える力といってよいのだと思います。

†読む力

日本語を母語とする私たちが日本語が読めるという場合、もちろん辞書も使いますが、母語ですから、そのまま（縦書きの場合）上から下に文字を追っていけば、意味をとることができます。もちろん、知らない言葉が出てくれば、辞書を引けばよいのです。書かれた言語のまま、文字を追うことで理解できることを、読むことができるといいます。

英語も同じです。書かれた文章をそのまま英語で意味が分かる、つまり左から右に文字列を目で追いかけていくと同時に、その文章を理解できるレベルにまで到達することが、英語を読み取る能力のより一段高い目標です。英文和訳でやるように、文章を左から右へ右から左へと行ったり来たりしないで理解できるようになることです。このスキルが、実は聞き取りの際にものをいうのです。話し言葉は、行ったり来たりなどしながら聞き取ることはできません。聞き取ったままにいちいち翻訳などしないで理解できる力が、口頭のコミュニケーションには求められます。内容が表層的な英会話のレベルであればそこまでは求められませんが、相手と相互に自分の考えや気持ちを伝えようとするコミュニケーションの場面では、英語のまま理解できる聞き取り能力が必要になります。

読みについても、英語圏の大学への留学で必要となる英語力でいえば、左から右に理解できるというのは、まだまだ必要条件に過ぎません。どのような読み方ができるかが、そこでも問われるからです。同じように大意が理解できたとしても、読み取った内容から何を学んでいるかは、人によって大きな違いがあります。日本語でも同じですが、書かれた内容の意味を理解できる段階が初歩だとすれば、その内容を批判的に読むことができるか。読み取る過程で、書かれたままの知識や情報を受け取るだけにとどまらずに、著者の論理の組み立て方や、議論の展開の仕方まで身につけるように読み取ることができるか。読む力にもいくつかの段階があるのです。そしてその階段を上っていくことが、ことばの力＝考える力を育てることになるのです。

†チュートリアルという読みと書きを鍛える方法

日本語でも同じことがあてはまりますが、ここではこのような読み取りを通じて思考力を育てようとしているオックスフォード大学のチュートリアルという教育の方法を簡単に紹介することで、「読み」が考える力の育成の基礎となっていることを論じてみたいと思います。

チュートリアルは、たいていは週に一回一時間、学生一人か、場合によっては二、三人を相手に一人の教員がついて行われます。徹底した個別指導です。しかしそれ以上に重要な特徴は、そこでは、大量に読んで、大量に書いて、議論することが、教育の中核を占めているところにあります。毎週、教員は学生に、小論文（オックスフォードではエッセイと呼ばれる）を書くための問い（エッセイクエスチョン）と、それに解答するために読むべき課題文献のリストを渡します。教師にもよりますが、平均的に毎週一〇冊ほどの著書や論文が課題文献になります。学生たちは、それらを読んだ上で、毎回A4でプリントすると一〇頁くらいの分量のエッセイを執筆します。そのエッセイでは、教員が出したエッセイクエスチョンに、文献リストに示された文献を使って、学生が自分なりの議論を展開し、解答を与えることが求められます。そして、実際のチュートリアルの時間には、学生たちが事前に提出したエッセイをもとに、教員との間で質疑応答や議論が行われるのです。

この多くを読んで多くを書き、質疑や議論をするという学習を、教員一人につき学生が

二、三名といった恵まれた環境のもとで毎週繰り返すのです。それが一学期に八週間（つまり八回）続きます。読み書きを徹底した個別学習を通じて、批判的な思考が育つと考えられているからです。

毎回出されるエッセイクエスチョンは、抽象度の高い問題が多く、しかも、一つの正解を求める問いではありません。たとえば、日本研究であれば、「明治維新は革命か」といった問いや、「現在の日本社会は階級社会といわれる。それについて論じなさい」といった問いが出されます。もちろん、イエスかノーかが重要なのではありません。読んだ文献から正しいと思われる知識を借用して紹介するだけではよいエッセイとはみなされません。イエスかノーのいずれに答えるにせよ、その解答を自分なりに根拠づける議論ができているかどうかが評価される問題です。その根拠づけの仕方やそこで展開される議論に、学生のオリジナルな思考が含まれると見るからです。

しかも、その根拠づけに、課題文献を中心に読み取った知識の使い方が問われます。問われているのは、課題文献を正しく読み取ったか、理解できたかだけでなく、そこから得られた大量の知識をどのように使って、自分なりの議論（argument）を組み立てることができるかです。的確さだけでない、議論の、多様な意味での面白さや説得性が求められるのです。こうしたチュートリアルの実際については、それを日本語で実演、再現した私と石澤麻子さんの共著『教え学ぶ技術』（ちくま新書、二〇一九年）が参考になるでしょう。

†思考力を鍛える

このチュートリアルという学び方には、すでに読みと書きの両方を大量にこなすことの重要性が示されています。しかし、「読み」に焦点を当て、その効用を示すと、読み取る際に、課題として与えられた文献から、どのようなことを学んでいるかが鍵となるのです。前述した、著者の論理の組み立て方や、議論の展開の仕方を同時に学ぶことで、その応用として、自分のエッセイを書いていくのです。まねて学ぶ、です。課題文献を選ぶ際に、そのように手本となりうる優れた著作を、評価の高い学術誌や学術出版から選ぶのです。すでに高い評価を受けている著者や、その著作がほとんどだからです。

私なりにこのような読み方を名づければ、追体験的な読みといえるでしょう。優れた研究書を目の前におき、著者の議論の仕方を、自分があたかもその著者になったつもりの立場に立って読み進めるのです。さらにいえば、自分もいずれそのような文章を書く立場になることを想定して、優れた先達の書いた文章から、何が優れているかを読み取るのです。そういう追体験的な読み取りを繰り返すことを通じて、自分でもいずれ使いこなせるように、優れた論理の組み立て方や議論の展開を学んでいくのです。時間をかけて、考えながら読まなければできることではありません。大量に課される文献のすべてをそのように読むことは難しいのですが、これぞと選んだ文献については、ある程度じっくり時間をかけて追体験的な読み取りをするのです。

教員のほうも、学生がそのように読み進めることを提示しながら、幅の広い、抽象的な問いを出します。答えの仕方（答えに至る思考）に自由度を与えるためです。しかし、その問いに、抽象的なままで答えることではよい解答にはなりません。単なる言い換えを求めているのではないからです。第5章で少し触れたように、課題文献に出て来た知識を使いこなすことで、抽象と具象の行ったり来たりを学ぶ。優れた著作に含まれる演繹的な思考と帰納的な思考を読み取ることで、そこで学んだ力を発揮するようにエッセイを書いていく。その延長線上に、学生自身が自ら問いを立て、それに解答を与える、論文執筆という課題が待ち構えています。チュートリアルは、そのように自律的に課題探究ができるような思考力を鍛える機会となっているのです。そしてその礎《いしずえ》となるのが「読む」なのです。

もちろん、このような学び方には時間もそこに傾注するエネルギーも必要です。教える側にも、的確な助言ができるか、効果的に議論を誘発できるかといったスキルが求められます。学生の書いたエッセイを丹念に読む時間も必要です。知識の伝達を主眼とする日本の大学の講義形式との大きな違いです。それだけ、そこに投入される資源は大きなものになります。ですが、第7章でも出てきたように「学問に王道なし」です。優れた学びを促すためにも「王道」はないのです。アクティブ・ラーニングのような見た目の派手さは全くありませんが、地道な「読み、書き、論じる」学習の積み重ねが、批判的思考力を育てることは、オックスフォードでの何百年もの経験で証明ずみなのです。だから、これだけITなどが発達した時代にあっても、この手間のかかる教育方法を続けているのです。

†読む→書く、読む→聞く、書く→話す

すでにここまでの議論で示唆したように、読むことが書くことの基礎になります。読むことでインプットされた様々な知識（個別の知識だけでない議論の展開の仕方を含めた知識）がなければ、よい書き手にはなれません。しかも、読むも書くも、常に目の前に相手のいる口頭でのコミュニケーションに比べれば、自分のペースで行うことができます。一端最後の方まで書いてから前に戻って、前に書いたことを見直したり、とりあえず先に進めたりといったペースのとり方を自分の思考に応じて行いやすいからです。前述の追体験的な読み取りも、ノートをとりながら、自分の考えを構築する上でも役に立つ自己鍛錬です。こうしてインプット（読み）を増やしていくことでアウトプット（書く）もできるようになります。さらに、「書く」が上達すれば、読むときにも予測的な読み方ができます。自

分が論理的に書く経験を積み重ねることで、この著者だったらどのように議論を展開するかの先読みができるようになるからです。

このような自己鍛錬を通じて、基礎となる思考力を鍛えることで、対面する相手のいるオーラルなコミュニケーションにおいても議論ができるようになるのです。一度自分の書いたことのある内容については、口頭でも話ができます。質問が出ても対応できるだけの思考がすでになされているはずです。また、自分がじっくり読んだことのあるテーマについての話であれば、多少、所々で単語が聞き取れなくても、理解は可能です。これは、英語でも日本語でも同じです。おそらく、そういうときに頭の中で働いているのが、中間帯にあるOSなのでしょう。

この順番を間違えると、それこそ口先だけのオーラル・コミュニケーションとなったり、内容の伴わない、議論の展開の稚拙な探究学習（の発表）となったりします。いや、私見では、日本の大学までの教育は、徹底して読んで書くということをなおざりにしているように見えます。今の改革もそれに棹《さお》さすようです。現状でも若者が本を読む時間が国際的にも少ないというのにです。大学生が授業で読む文献の量も他の先進国にはまったく及びません。「読み」だけでなく、「書く」も重視されているようには見えません。そのような現状の上に、口頭によるコミュニケーション能力重視にさらに移行しようとしているのです。

ことばの力を鍛え続ける

英語にせよ日本語にせよ、教える側が、十分な意を遣わなければ、形ばかりの「アクティブ・ラーニング」になったり、発音はネイティブ風でも、内容の伴わない、英会話の得意な「グローバル人材」をつくりだすだけに終わります。そこで身につくことばの力は、批判的な思考力にまで到達できないのです。

「書く」はその要になるはずなのに、書く目的が不適切だと、独創的な思考や批判的な思考の育成にはつながりません。大学入学共通テストの国語の記述式のように、正確な読み取りとその言い換えだけでは、他者の意を慮《おもんぱか》るばかりの忖度する主体性はできても、他者の考えを相対化して捉え直すことのできる批判的な思考力を基礎に、角度のつく、建設的な議論ができる主体にはならないのです。

ことばの力≠考える力、という関係をなおざりにしないこと。ことばの力という表に出やすい現象を捉えて、その底で働いている思考の力に作用する、そのためにも、ことばの力にどのように働きかけるか。それをどのような学習活動を通じて複層的に行うか。教師自身がことばの力を鍛え続けなければできない、教えるという仕事です。

おわりに――まとめに代えて

本書をまとめるのは、とても難しいことです。

「はじめに」で予告したように、この本は三名の著者が、それぞれの専門分野をふまえて自由に縦横に書いた議論を、つなげたものです。苅谷夏子さんの書いた章を読んで鳥飼玖美子が反応し、それに対して夏子さんが書く。そのやりとりを読んだ苅谷剛彦さんが議論に加わるという、着地点が見えない三人の対書を半年以上にわたり続けました。

結果として、誰もが納得するような分かりやすい結論や具体案が出るどころか、本のあちこちで矛盾する記述も生まれました。その代わり、「ことば」と「教育」が、どれだけ複雑であり、一筋縄ではいかないものかが、鮮明に浮かび上がりました。

本書に関わった三人の接点は、大村はまです。鳥飼が、鳴門教育大で講演する直前に「大村はま記念文庫」を見学し、感動のあまり講演のまくらで大村はまさんについて語ったことが、夏子さんからご連絡をいただく契機となったことは第2章で書きました。そして苅谷剛彦さんは、大村はまさんと苅谷夏子さんとの共著で『教えることの復権』（ちくま新書、二〇〇三年）を出されています。そのような三人が集まって「国語と英語」について話し合うとなれば、当然ながら、大村はま教室を軸にすることを考えるでしょう。

鳥飼も最初は、言語教育に関する理論を使って大村はまの実践を分析し英語教育に応用することを密かに目論んでいました。ところが夏子さんと対話ならぬ対書を重ねているうちに、それは言うは易く行うは難しであることが徐々に分かってきました。理論を排した大村はまの実践を無理に理論化しようとすると大切なものが抜け落ちてしまう、というやりとりの流れの中で、「理論と実践の往還」について語り合い、「演繹的思考と帰納的思考」について問題提起がなされました。夏子さんが使った「普段着の日本語」という比喩を、鳥飼が誤解して論を進めたことから、比喩の文化的な制約と、それを超えての機能についても話が及びました。そのように、三人の討論は、国語と英語の連携にとどまらず、驚くほど広がりました。

第一部は、「大村はまの教育」がテーマです。第1章「「国語力」は大丈夫か」では、母語が空気のような存在であることから始まり、「国語力」とは何かを考え、極端な省エネモードで使用する日本語の現状から、国語力が危ういことを指摘しました。その一方で、すべての学びの基本が国語であり、そのような国語力を育てるという視点から「普段着のことば」について論じました。大村教室で得たのは、コンピューターで言えばOSだ、という教え子の一人のことばを紹介し、「ことばを使って考える・学ぶ」という基本システムの構築が大村はまによる教育の本質だったことが示されます。

続く第2章「母語と国語、外国語と英語」では、大村はまの実践を支える「何のために国語を教えるか」という言語教育の目的と理念が、近年の英語教育に欠けていることを述べ、その端的な例として、「話す力」の測定を理由にした大学入学共通テストへの民間英語試験の導入を検証しました。さらに、母語獲得と第二言語および外国語習得の違いを明確にした上で、基本的対人コミュニケーション（日常会話）と認知的学習言語の違いに言及し、学習言語の習得に母語が果たす役割を説明しました。第1章で登場した省エネことばに、短縮語とカタカナ語を加え、最近の日本人の言語意識として考えてみました。そして、第1章で語られた、周囲と摩擦を起こさず、行き過ぎた忖度もする日本人の言語行動を、異文化コミュニケーションの視点から分析しました。最近の日本における在住外国人の増加にも触れ、「やさしい日本語」について日本語コミュニケーションの問題として論じました。

第3章「いきいきとした教室へ」では、大村はまが一貫して「実践をもって提案する」という姿勢を貫いた教師であったことが克明に語られます。圧巻は、昭和二〇年の敗戦を受けて、深く悩んだ大村はまが、国語教師として「話し合うこと」を教える根源的な課題にどう立ち向かったか、です。「賢い市民」を育てることを教育の使命として、「丁寧に、心から話し合える庶民を育てよう」と考えたことは、欧州評議会の言語教育理念と相通じるものがあります。そのような大村はまの教室には、「いきいきとしたことば」「いきいきとした生徒」「いきいきとした教師」という三つの要素があったことが紹介されています。

第二部は「理論と実践」が中心です。第4章「理論とは何か」では、大村はま自身が「実践の人」であったとしても、その秀でた実践を、時代や分野を超えて多くの人々が共有するには、理論が必要ではないか、との問いかけから始まります。通訳についての理論研究、さらに、音読などの指導法を例にとり、英語教育における理論研究の役割についても語った上で、「理論と実践の往還」について論じました。

第5章「演繹的思考と帰納的思考」では、第2章で紹介された「認知的学習言語能力」という概念を使い演繹的に考えることを説明し、次に帰納的思考について、具体的な事柄をもとに抽象度を上げていく推論の方法が説かれました。その上で、演繹と帰納の間を行ったり来たりすることを研究指導の具体例から解説しています。第1章で使われた比喩を巡り誤解が生じたことが前章で判明したのを受け、比喩による理解を演繹や帰納と関連付けて検討し、優れた実践をどう伝え、広げていくかについての考察がなされました。

第6章「英語と国語の連携」では、「理論と実践」「演繹と帰納」の議論を受けて「抽象的な概念の言語化」について取り上げました。第5章で述べられた「歴史的視点」についても、オーラル・ヒストリー研究を手がかりに考え、「英語と国語の連携」を歴史的な視座から概観してみました。国語力向上の取り組みに「英語との連携」を入れ、「欧米型の論理の枠組み」を英語科だけでなく国語科でも試みた実践研究から、英語の論理構成で書くことについて論じ、言語教育という中間地帯を通して国語科と英語科の連携をはかる可能性を模索しました。

続いて、第三部は、「ことばの教育の未来」についての考察です。第7章では、「言語能力を鍛えるために」と題し、「抽象語の罠」について例を挙げつつ批判的に検討した上で、「言語能力そのものを鍛える」ことが提案されました。その一環として、『星の王子さま』の各種の翻訳や、絵本『スイミー』の翻訳を「並べ」「比べる」作業を通して、二つの言語における「ことば」を考えようとしました。

第8章「これからの言語教育へ向けて」では、これまでの対書をふまえ、今後の言語教育のあり方を幾つかの観点から論じました。日本語における抽象語が明治期の翻訳主義に由来すること、翻訳を英語教育に導入する際の問題、英語で英語を教える指導法の功罪を語った上で、国語の教科書で取り上げられている「スイミー」の解釈が著者本人の意図とずれていることから、英語の授業で取り上げる可能性を考えました。加えて文法指導や、AI（人工知能）時代の英語教育、外国語教育における自律性などについても話題が展開しました。

第8章までは主として初等中等教育についての議論だったので、第9章では高等教育との接点として大学入試改革に焦点を当てました。高校現場に大きな混乱をもたらしている新たな大学入学共通テストを取り上げ、英語民間試験の導入および国語の記述式問題を取り上げて分析し、入学試験が教育の目的となって良いのか、本来は何を目標とするべきかを論じています。さらに最近の米国で裁判となっている大学入試の不正行為についても言及しました。

第10章「徹底的に読み、書き、考える」では、高等教育に照準を合わせています。「アクティブ・ラーニング」や「スピーキング」「対話的」など流行の教育用語について、外から見えやすい、アクティブに見える活動が、本当に「主体的」で「深い学び」になるかとの問題提起を行っています。続けて、母語であれ外国語であれ「書く」という行為が難しい点に触れ、その基礎は「思考力」にあることを説明し、読みと書きを鍛える方法として、イギリスの大学で行われる「チュートリアル」という教育方法を紹介しています。

このように本書を概観すると、国語と英語、教育をめぐって実に多岐にわたる議論がなされました。行きつ戻りつの対書の中で寄り道も道草もありました。

大村はまの教え子が、大村教室を総括して表現した「ＯＳ」（オペレーティング・システム）についても、三人がそれぞれの理解で使いましたので、なんだか整合性が取れていないような印象もあります。けれど、人間のことばの複雑さに鑑みると、三者三様であるのは、むしろ自然かもしれません。

なぜ人間の赤ちゃんは、狼に育てられるなど特殊な例外を除いて、生まれてから一定期間、特定の言語に触れていれば、その言語を身につけることができるのか。それは、何か共通の基盤を持って生まれてくるからではないか、と考えられています。むろん、遺伝情報だけではなく、赤ちゃんが育っていく社会化の過程の中で、ことばがどのように社会の中で使われているかを少しずつ学んでいくこともあるのですが、いわば遺伝的な言語獲得装置のようなＯＳは人間に普遍的なもので、それをもとに、個別の言語である母語が獲得されるとも考えられるわけです。

母語獲得だけでも十分に複雑ですが、第二言語や外国語の習得となれば、個人的な資質、周囲の環境、文化の差異などが絡み合い、単純な説明では済みません。その中で、第二言語を学ぶ際には母語で培った中央基底言語能力が学習言語の習得を容易にするという学説から、これをOSと呼ぶことも議論の中ではありました。

　加えて、苅谷剛彦さんが、日本語母語話者であるご自身が英国で英語を日常的に使って教え、論文を書くという作業を通して、ご自分の中に日本語でもないし英語でもない「何か」、「どちらかの言語に依存しない中間地帯となりうる思考力」が存在することを語られました。これは極めて示唆的な指摘です。というのも、英語を話すには英語で考えなければならない、とよく言われますが、それが真実なら一つの言語を聞きながら、別の言語に同時に通訳することなど不可能になるはずだからです。なぜ二つの異なる言語間の同時通訳が可能かといえば、どちらの言語でもない「何か」が存在しているから、としか説明がつかないのです。哲学者のベンヤミン（Walter Benjamin）が「翻訳者の課題」（一九二一年）を論じた際に使った「純粋言語」は、個別の言語の底に横たわる「共通する何か」だとされますが、これとても目に見える形で存在しているわけではなく、異言語を翻訳する際に生じる存在です。私たち三人が本書でOSと呼んでいるものも、時として「母語」を指すこともあれば、このような「何か」を指している場合もあるわけです。

　私たちは、このような曖昧な部分や不可解な部分をあえて整理しようとはしませんでした。おそらく三人とも、「ことば」という存在の複雑さと曖昧さと摩訶不思議さを所与のものとして受け入れ、その「ことば」を教えるという行為の重みを痛切に感じているから、結論を急がず、むしろ読者に考えてもらう材料にしたいという願いを共有していたのだと思います。

そして、そのように感じている三人だからこそ、あまりにことばを単純に考えて教育改革が性急に進められようとしていることへの危惧も共有しているのです。本書（第9章・第10章）で、大学入試改革や言語教育改革、大学教育改革の問題にも触れているのは、そのような危機感の表れです。

「ことばの教育」を主軸として論じ合った中で、互いの文章に大いなる刺激を受け触発されながら、私たちは、国語と英語、母語としての日本語と外国語としての英語、そして教育について、とことん考えました。そして、たどり着いたのが、言語と思考という本質的な問題です。「ことばの力」が大切なのは、それが「考える力」と深く密接な関係にあるからで、表面に現れる「ことば」の基底に存在する「考える力」をどのように育てるのか、それを追求するのが教育である、と確認したのが、本書の結論と言えるかもしれません。

二〇一九年十一月

鳥飼玖美子

あとがき

鳥飼さんが「おわりに――まとめに代えて」で、この複雑で挑戦的な本の肝心な部分を見事にまとめてくださいましたので、今さら「あとがき」は不要だろうと思います。

それでもこうして書いているのは、たった一つ、最後に紹介したい大村はまのことばがあるからです。

話し合うというときの活発な頭のなか［…］はつらつと動かされている頭というのが、話し合っている内容以上に、じつに意外なことを自分自身に悟らせるということなのです。［…］自己が開発されるというのでしょうか、その力はびっくりするようなものだと思います。話しことばというものの世界に、どういう自己開発の瞬間があるかということを悟らせたいと思います。そして、生きた人と生きた人とが、貴重な生命の一こまを使って打ち合っているそのとき、何が起こるのかということを、私は悟らせたい。

（大村はま『大村はまの国語教室——ことばを豊かに』小学館、一九八一年）

この本は話し合いではなく、書きことばのやりとり（「はじめに」でも「対書」ということばが紹介されました）ですが、根本的な差はないと感じます。「生きた人と生きた人とが、貴重な生命の一こまを使って打ち合っているそのとき」に起こる「自己開発の瞬間」がこの本の各所に火花のようにあります。それは、読者のためという以前に、三人の著者自身にとって、事前の想像をはるかに超える、実に興味深いことでした。予定調和のまったく逆をいく取り組みとなりました。「おわりに——まとめに代えて」で鳥飼さんが言及なさっているように、ここには誤解や不整合もありますが、そうしたズレが実は新しい視点や視野、新鮮な課題意識のきっかけになったりもしました。

本気になって、生きた人と生きた人がことばを交わす、その実例がここにある、と私は言いたい。そして、そのずしりとした手応えを味わって、ますます、「ことば」というものの豊かさと確かさ、その裏腹にある怖さと不確かさ、人や社会と直結しているがゆえの必然的な複雑さに、目が眩むような思いがあります。一冊の新書に収めるために、もっとやりとりを重ねたかった議論も、そのまま残されています。ことばというものの複雑さに圧倒されず、立ちすくまずに考え続けたいことです。

「ことばの力」「考える力」を育てる教育の営みは、これからどうなっていくのか。うーん……と考え込んでしまいます。折しも、英語科の大学入学共通テストの民間試験利用が、ぎりぎりという段階で見送りとなりました。本書でも鳥飼さんが真正面から多くの問題点を指摘していました。この後、専門家のこうした意見が、現実に反映される可能性は開けているでしょうか。国語・数学の記述式問題についても、議論は深まっていくでしょうか。注視していくべきでしょう。

最後に、どこへたどり着くのか、著者たちにもわからないまま進行した本書を、傍らで見守って、最後にまとめあげてくださった筑摩書房の河内卓さんに心から感謝いたします。さぞハラハラしたことでしょう。そのハラハラも、終わってみれば本書の大事な個性だったのではないでしょうか。

苅谷夏子

二〇一九年十一月

ちくま新書
1455

ことばの教育《きょういく》を問《と》いなおす
――国語《こくご》・英語《えいご》の現在《げんざい》と未来《みらい》

二〇一九年一二月一〇日　第一刷発行
二〇二〇年　一　月一五日　第三刷発行

著　者　鳥飼玖美子（とりかい・くみこ）／苅谷夏子（かりや・なつこ）／苅谷剛彦（かりや・たけひこ）

発行者　喜入冬子
発行所　株式会社　筑摩書房
東京都台東区蔵前二-五-三　郵便番号一一一-八七五五
電話番号〇三-五六八七-二六〇一（代表）
装幀者　間村俊一
印刷・製本　三松堂印刷　株式会社

ISBN978-4-480-07274-0 C0237

ちくま新書

110
「考える」ための小論文
西研
森下育彦
論文を書くことは自分の考えを吟味するところから始まる。大学入試小論文を通して、応用のきく文章作法を学び、考える技術を身につけるための哲学的実用書。

756
漢和辞典に訊け！
円満字二郎
敬遠されがちな漢和辞典。でも骨組みを知れば千年以上にわたる日本人の漢字受容の歴史が浮かんでくる。辞典編集者が明かす、ウンチクで終わらせないための活用法。

889
大学生からの文章表現
――無難で退屈な日本語から卒業する
黒田龍之助
読ませる文章を書きたい。だけど、学校では子供じみた作文と決まりきった小論文の書き方しか教えてくれなかった。そんな不満に応えるための新感覚の文章読本！

1200
「超」入門！ 論理トレーニング
横山雅彦
「伝えたいことを相手にうまく伝えられない」のはなぜか？ 日本語をロジカルに運用し、論理思考をコミュニケーションとして使いこなすためのコツを伝授！

1363
愛読の方法
前田英樹
本をたくさん読んでもかえってバカになる人間が後を絶たない――。書かれたものへの軽信を免れ、いかに生きるべきかという問いへとつながる「愛読」の秘訣を説く。

1390
これなら書ける！ 大人の文章講座
上阪徹
「人に読んでもらえる」文章を書くには、どうしたらいいか？ 30年プロとして書いてきた著者が、33の秘訣を大公開！ 自分の経験を「素材」に、話すように書こう。

1446
日本人のための英語学習法
――シンプルで効果的な70のコツ
里中哲彦
いろいろな学習法を試しても、英語の力が上がらないのはなぜなのか？ 本当にすべきことは何なのか？ 人気予備校講師が、効果的な学習法のコツを紹介する！

ちくま新書

253
教養としての大学受験国語
石原千秋
日本語なのにお手上げの評論読解問題。その論述の方法を、実例に即し徹底解剖。アテモノを脱却し上級の教養をめざす、受験生と社会人のための思考の遠近法指南。

371
大学受験のための小説講義
石原千秋
「大学入試センター試験」に必ず出る小説問題。これを解くには学校では教えてくれない技術が必要だ！　国公立二次試験にもバッチリ使える教養としての小説入門。

1062
日本語の近代
——はずされた漢語
今野真二
漢語と和語が深く結びついた日本語のシステムから、日清戦争を境に漢字・漢語がはずされていく。明治期の小学教材を通して日本語への人為的コントロールを追う。

1221
日本文法体系
藤井貞和
日本語を真に理解するには、現在の学校文法を書き換えなければならない。豊富な古文の実例をとりあげつつ、日本語の隠れた構造へと迫る、全く新しい理論の登場。

1249
日本語全史
沖森卓也
古代から現代まで、日本語の移り変わりをたどり全史を解き明かすはじめての新書。時代ごとの文字・音韻・語彙・文法の変遷から、日本語の起源の姿が見えてくる。

1246
時間の言語学
——メタファーから読みとく
瀬戸賢一
私たちが「時間」をどのように認識するかを、〈時は金なり〉〈時は流れる〉等のメタファー（隠喩）を分析して明らかにする。かつてない、ことばからみた時間論。

1396
言語学講義
——その起源と未来
加藤重広
時代とともに進化し続ける言語学。国家戦略、ＡＩ、滅びる言語、……現代に即した切り口も交え、ことばの研究の起源から最先端まで、全体像と各論点を学びなおす。